Gemeinwohl-Ökonomie?

Klaus H. Tacke

Gemeinwohl-Ökonomie?

Was geht – und was nicht

Kritisch-konstruktive Betrachtung
des gleichnamigen Buches
von Christian Felber

Satz und Umschlaggestaltung: text+taler GmbH, Hamburg
Herstellung und Verlag: BoD - Books on Demand, Norderstedt

ISBN 978-3-7322-8124-4

Inhalt

I. Einleitung

Gemeinwohl ist ein wesentlicher Faktor, um eine Gesellschaft zusammenzuhalten. Eine aktuelle Bestandsaufnahme zeigt, wie wenig Beachtung es bei den meisten Organisationen und Institutionen unserer Republik findet. Verliert es seine Bedeutung, ist die Solidargemeinschaft ernsthaft in Gefahr.

Viele denken lobenswerter Weise darüber nach. Einige entwickeln revolutionäre Gedanken und leisten damit einen wichtigen Beitrag zur Horizont-Erweiterung unserer Überlegungen. Es ist dabei durchaus erlaubt, alles zunächst einmal über Bord zu werfen und von Null an ein neues Konzept zu entwickeln – es ist klassisches Brain-Storming, bei welchem man seinem Gehirn erlaubt, sich auszutoben und jede Art von Zusammenhängen zu bilden und zu überprüfen.

Ein typisches Beispiel für diese Art vorbehaltlosen Nachdenkens bietet Christian Felber, der mit seinem Buch „Gemeinwohl-Ökonomie“ (Felber 2012) ganz vorsichtig, aber konsequent, neue Türen aufgestoßen hat. Er hat faszinierende – wenn auch verwegene – Ziele vor Augen und tastet und schreibt sich an diese Ziele heran. Beim Lesen bildet sich zuerst ein Gefühl der Skepsis aus, welches Seite für

Seite übergeht in ungläubiges Zweifeln, danach Erstaunen, und am Schluss werden die meisten zu der Überzeugung gelangt sein, dass man durchaus versuchen sollte, diese lebenswerte Zukunft intensiver zu studieren.

Felber selbst sieht sein Buch als einen Entwurf an, der Grundlage für weiterführende und präzisierende Gestaltung sein könnte.

Bestärkt hat ihn die Tatsache, dass zeitgleich mit dem Erscheinen der Erstausgabe seines Buches 2010 eine Umfrage der Bertelsmann-Stiftung ergeben hatte, dass über 80 % der befragten Bürger in Deutschland und Österreich sich eine neue Wirtschaftsordnung wünschten. Das ermutigt natürlich zusätzlich, zu neuen Ufern aufzubrechen.

Es versteht sich von selber, dass bei derartigen weitreichenden Gedankenspielen die durchaus in Betracht genommene Gefahr besteht, dass gelegentlich das Kind mit dem Bade ausgeschüttet wird. Erst die weiterführende Diskussion wird zeigen, ob wirklich alles über Bord geworfen werden muss, was uns bisher als selbstverständlich erschien.

Ich hielt es für erforderlich, die Punkte, bei denen Christian Felber sich gegen den *Mainstream* der Wirtschafts- und Sozialwissenschaften positioniert hat, etwas eingehender auszuführen, damit der Leser für seine eigene Beurteilung mehr Informationsmaterial zur Verfügung hat.

Nach dem Motto des bekannten Zukunftsforschers John Naisbitt (*1929) ist der *zuverlässigste Weg, in die Zukunft zu sehen, das Verstehen der Gegenwart.* (Naisbitt, 22 ff.)

Gemeinwohl – ein Trümmerhaufen

Mich selbst hat bei meiner Beschäftigung mit dem Gemeinwohl in erster Linie die gegenwärtige Situation interessiert, um zu erfahren, wie brüchig die Solidargemeinschaft mittlerweile geworden ist. Wir stellen seit langer Zeit fest, dass unsere Gemeinschaft von Jahr zu Jahr unzufriedener wird. Es bildet sich ein unbehagliches Gefühl, wie es denn weitergehen soll. Wer ist schuld an dem Debakel? Gibt es überhaupt einen Schuldigen, oder sind Demokratie oder Marktwirtschaft die falschen Organisationsformen einer Gesellschaft?

Die Hauptursache der heutigen Problematik ist fundamental darin begründet, dass die Parteien die demokratische Gewaltenteilung de facto abgeschafft haben, indem sie verfassungswidrig alle

Institutionen unterwandern und somit ihre eigene Position sichern. Enge Verflechtungen mit Finanz und Wirtschaft führen zu Abhängigkeit und Lobbyeinflüssen von ungeahnten Ausmaßen. Das Blockieren eines umfassenden Korruptions-Strafgesetzes seit mehr als 14 Jahren, die Verhinderung von Volksbefragungen auf Bundesebene und die Ernennung von Parlamentariern nicht durch die Bürger, sondern durch die jeweiligen Parteimanager nimmt den Parlamentariern jegliche Motivation, Volksvertreter zu sein. Sie sind nur noch abhängig von ihren Parteichefs.

Das *tragische Dreieck* aus Lobbyismus, Korruption und Machtanmaßung der Parteien zerstört die Demokratie. Wenn im Gesundheitswesen Patienten bewusst benutzt werden, um daraus nicht gesundheitserforderliches Kapital zu schlagen, wenn die kirchlichen Wohlfahrtsorganisationen fast Monopolstellungen erreichen in Bezug auf die öffentlichen Zuwendungen jeder Art, wenn die öffentlichen Medien durch ihre Beaufsichtigung und Kontrolle durch Politik und Wirtschaft keine Möglichkeit mehr haben, uns aufrichtig und objektiv zu informieren, so sind das Folgen der vollständigen Vernetzung der Funktionäre, Wirtschaft und Organisationen. Selbst die Richter des Bundesverfassungsgerichtes, also des Kontrollorgans des Parlaments, werden unter Ausschluss der Öffentlichkeit und des Parlaments in kleinen Kommissionen zwischen den Parteien vorab ausgehandelt. Damit kontrolliert das Parlament seine Kontrollorgane selbst. (Spiegel Online, 14.07.2012)

Für mich bedeutet jeder gesellschaftliche Neuanfang – egal wie eine Person oder eine Organisation die Zukunft gestalten will – zunächst einmal die radikale Korrektur der derzeitigen Situation. Solange das genannte *tragische Dreieck* funktioniert, werden dessen Profiteure jeden Versuch einer Erneuerung, die zu Lasten des Machtkartells gehen könnte, zu verhindern wissen. Dessen müssen wir uns bewusst sein.

Eine Erneuerung kann deshalb nur gelingen, wenn alle politischen Strömungen, die diese Rückkehr der Macht zu den Bürgern wünschen, sich in diesem Punkt zusammenfinden und sich auf ein Wahlbündnis einigen könnten, welches in erster Linie die Problembeseitigung im Auge hat. Man muss schon mehr erreichen als die mindestens für den Bundestag erforderlichen 5 % Stimmanteil, um Einfluss auf die Änderungsmöglichkeiten nehmen zu können. Sobald der gemeinsame Eintritt ins Parlament und die Rückgestaltung der Macht auf die ursprünglichen Machtverhältnisse erreicht sind, können die Abgeordneten des Wahlbündnisses ihre jeweiligen Schwerpunktinteressen dem Souverän vortragen. Und der Souverän, also wir alle, werden dann entscheiden, für welche der angebotenen Projekte wir uns besonders interessieren.

Es ist der Wunsch Felbers und der Gemeinwohl-Bewegung, die Zukunft von den Bürgern selbst festlegen zu lassen. Insofern ist der Weg zu einer freien Entscheidung und Abstimmung der Bürger über die erstrebenswerten Zustände das erste und wichtigste Ziel, dessen Erreichen Voraussetzung ist für jede weitere konzeptionelle Planung.

Unter diesem Aspekt ist auch der nachfolgende Kommentar verfasst worden. Er soll ein *advocatus diaboli* sein, der alle Punkte auf dem Weg zur Gemeinwohl-Ökonomie kritisch hinterfragt, damit im Vorfeld der Bewegung das Fundament gefestigt wird, auf welcher das Gemeinwohl-Ökonomie-Projekt weiter gebaut werden kann.

Ganz besonders geht es mir um die Zielsetzung des Konzeptes der Gemeinwohl-Ökonomie und um die Fragen

- Ist der Mensch wirklich ein Gemeinwohl-Wesen?
- Ist die Konkurrenz in der Tat so schlimm wie dargestellt?
- Kann man das Ziel nicht auch auf einfachere Weise erreichen?

II. Der Mensch – Sozialwesen oder Egoist?

Der siebzehnjährige Karl Marx (1818–1883) kam in seinem Abituraufsatz (1835) „Betrachtung eines Jünglings bei der Wahl eines Berufes" hinsichtlich der Einstellung des Individuums zu seiner Gesellschaft zu der Feststellung, dass das Hauptmotiv, von dem man sich bei der Standeswahl leiten lassen solle, das Wohl der Menschheit sein müsse. Dabei kommt es nach seiner Überzeugung durchaus nicht zu einem zu befürchtenden Interessenkonflikt, denn „die Natur des Menschen ist so eingerichtet, dass er seine Vervollkommnung nur erreichen kann, wenn er für die Vollendung, für das Wohl seiner Mitwelt wirkt." (Hochschule Augsburg, Bibliotheca Augustana)

Wenn Marx mit seiner Feststellung Recht gehabt hätte, wären die meisten der uns heute belastenden Probleme nicht existent. Die Spezies Mensch entspricht hingegen – wie wir alle wissen – nicht dieser Idealvorstellung. Unsere Menschheitsgeschichte zeigt, dass wir anfangs durchaus nicht darauf programmiert waren, unter Gleichberechtigten in größeren Gemeinschaften zu leben. Im Gegenteil, da uns Menschen eine Gewalthemmung nicht angeboren ist, hatten wir die meiste Zeit unserer Geschichte damit zu tun, einen Weg zu suchen, trotz unserer Gewaltbereitschaft zu einer erträglichen Form des Zusammenlebens zu finden. Der Kirchenhistoriker Prof. Arnold Angenendt (*1934) hat in seinem umfangreichen Werk *Toleranz und Gewalt. Das Christentum zwischen Bibel und Schwert* (Angenendt 2007), dargelegt, dass die Lösung dieses Konflikts die menschliche Erstaufgabe darstellen musste. Nur der unbedingte Überlebenswunsch unserer Spezies sorgte dafür, dass an die Stelle angeborener Instinkte gewisse kulturelle Regeln eingeführt wurden, die das Zusammenleben außerhalb der Blutsverwandtschaft überhaupt erst ermöglichten. Die Blutsverwandtschaft selbst war ein geschützter Raum nach dem Prinzip des genetischen Eigennutzes. Misstrauen und Feindlichkeit galten nach außen, Vertrauen, Hilfsbereitschaft und Opfermut nach innen. Die Feindlichkeit gegenüber Außenstehenden war das größte Problem für die Entwicklung einer Gemeinschaft.

Noch im Mittelalter fehlten allgemein gültige Regeln für das Zusammenleben in einer Gesellschaft. Und wenn es Regeln gab, dann galten sie nur zwischen den entsprechenden Standesgenossen. „Zur mittelalterlichen Kriegergesellschaft gehörte das Rauben, Plündern und Morden; zwar herrschte unter Standesgenossen Ritterlichkeit, aber Untergebene, Hörige, Bauern, Bettler konnte man verstümmeln, ihnen die Augen ausdrücken, sie sogar erschlagen, erst recht ihre Äcker, Ernten, Häuser und Höfe niedermachen und abbrennen." „Die Freude am Quälen und Töten anderer war groß, und es war eine gesellschaftlich erlaubte Freude." (Elias, 268)

Es war ein langer – im wahrsten Sinne des Wortes – *mörderischer* Weg von dem spätarchaischen Prinzip der Ahndung von Rechtsverletzungen nach dem Prinzip *Wie Du mir, so ich Dir* zu der heutigen Form des Rechtsstaates mit der institutionalisierten Gewaltenteilung in Legislative, Judikative und Exekutive. Nur ein dermaßen austarierter Staat kann das spezifische Ziel der Gleichheit aller Bürger vor dem Recht gewährleisten.

In den meisten Kathedralen West-Europas liegen Kirchenfürsten ehrenvoll begraben. Sie entstammen zum großen Teil einer Zeit, in der das Individuum noch keine Rechte und eigentlich keinen Wert besaß; in der von diesen klerikalen Funktionsträgern Inquisitionen und Hexenverbrennungen zu Tausenden veranstaltet und hilflose Opfer im Namen der heiligen Inquisition ermordet wurden. Das zeigt, dass wir, wenn wir keine Bestrafung zu befürchten haben, durchaus in der Lage sind, anderen, schwächeren Menschen unglaubliches Leid zuzufügen. Das Recht des Stärkeren wurde zunehmend durch die Aufklärung in Frage gestellt und in der französischen Revolution abgelöst vom Recht des Individuums auf Freiheit, Gleichheit und Brüderlichkeit. Allerdings dauerte es Jahrzehnte, bis sich dieses Recht in den Demokratien verfestigt hatte (Tacke, 10 f.).

Erst in dem Augenblick, in dem es um die Rechte des Individuums ging, konnte die Demokratie anfangen, sich zu entwickeln. Ein mühsamer Prozess, der oft wieder zu einem Rückfall in die Ära der Ungleichheit führte, aber gleichzeitig aufzeigte, in welche Richtung sich die Menschheit entwickeln soll, wenn sie langfristig überleben und mit Respekt voreinander zusammenleben will. Bis zu dieser Zeit wurden die Grundrichtlinien durch die christliche Religion vorgegeben. Nächstenliebe wurde aber mit zunehmender Individualisierung in den Köpfen ersetzt durch die Erkenntnis, dass in einer Gemeinschaft jedes Individuum das Recht haben sollte, von der Gemeinschaft gestützt zu werden – zugleich mit der Pflicht, die Gemeinschaft zu stützen. Subsidiarität und Solidarität wurden zu Begriffen, die über die Vernunft Eingang in die Grundvereinbarungen der Gemeinschaft fanden.

Die Errichtung des Rechtsstaates zählt ohne Zweifel zu den großen menschlichen Leistungen. Aber ihm drohen zwei Gefahren. Ist er zu schwach, verlieren die Bürger das Vertrauen und greifen zur

Selbstjustiz wie z. B. in Indien. Gerät das ausgewogene Verhältnis zwischen Legislative, Exekutive und Judikative aus dem Gleichgewicht, besteht die Gefahr von unerwünschter Machtkonzentration. Wer immer die Staatsspitze total vereinnahmt, Diktator oder Partei, vermag ob des Gewaltmonopols despotisch zu werden, denn angesichts der Waffenlosigkeit aller übrigen ist seine Gewalt unbeschränkt (Angenendt, 40).

In diesem rechtsstaatlichen Umfeld sucht das Individuum seinen Platz und seine Stellung, geleitet von dem Wunsch nach eigener Befriedigung.

Man muss sich einmal folgende Relation vor Augen führen, um uns als Menschen richtig einordnen zu können. Das Alter der Erde wird nach dem letzten Stand der Erkenntnisse mit ca. 4,5 Milliarden Jahren angenommen. Das Alter der Menschheit, basierend auf radiometrischen Datierungen der geologisch ältesten bekannten Knochenüberreste des echten Menschen, wird auf max. 2 Mio. Jahre geschätzt. Es bedurfte jedoch einer unvorstellbar langen Zeit bis zum Anfang der Zivilisationsgeschichte vor circa zehntausend Jahren. Die Zahlen sind für uns schwer vorstellbar – deshalb folgender Vergleich. Setzt man das Alter der Erde in Relation zu einem 90 Jahre alten Greis, dann wäre der Beginn der Menschheit erst vor weniger als drei

Wochen passiert, als Zivilisation könnten wir erst seit wenigen Stunden wahrgenommen werden, und in diesem Zeitraum haben wir uns noch die meiste Zeit gegenseitig totgeschlagen.

Für uns ist heute die nächste *Welt-Sekunde* die wichtigste. In ihr wird sich entscheiden, ob wir es schaffen, die Stufe unserer Vernunftbegabung dazu zu nutzen, um auch zu einer von Vernunft gesteuerten Handlungsweise zu kommen, die Verständnis dafür entwickelt, dass wir nicht nur für uns leben, sondern dass wir das gemeinsame Interesse unserer Gesellschaft respektieren und berücksichtigen müssen. Es muss möglich sein, in einem fairen Entwicklungsprozess Gemeinwohl und Individualinteressen miteinander optimal in Einklang zu bringen. Voraussetzung dafür ist sicherlich, zunächst einmal das Bewusstsein für die vielen Fehlentwicklungen zu schaffen, denen wir uns erschrocken oder empört, aber offensichtlich hilflos, gegenüber sehen. (Tacke, 6 ff.)

1. Geborgenheit des Familienumfeldes – Misstrauen nach außen

Aus der Entwicklungsgeschichte der Menschheit lässt sich ablesen, dass wir nach wie vor bereit sind, dem engeren Familienumfeld Vertrauen und Hilfsbereitschaft entgegen zu bringen. Gegenüber der *Außenwelt* verbleibt unsere Skepsis, solange wir nicht festgestellt haben oder annehmen können, dass das Vertrauen gegenüber einer Gruppe gerechtfertigt ist. Im positiven Falle sind wir bereit, diesen Kreis in unserem Verhalten tendenziell in das Familienumfeld mit einzubeziehen.

Die Feststellung von Felber, dass wir grundsätzlich gemeinschaftsbezogene Wesen sind, die im Innersten veranlagt sind, alles für das Gemeinwohl zu tun, ist eine gewagte Aussage, wenn man von der Entwicklungsgeschichte ausgeht. Je größer der Kreis ist, umso unwahrscheinlicher ist die Gemeinsinn-Unterstellung. Sie berücksichtigt zu wenig, dass das *Gemeinschaftsbezogene* in erster Linie den Bereich der engen Familienbeziehung betrifft. Vertrauen nach außen setzt einen Prozess der Vertrauensbildung voraus durch persönliche Erfahrung mit Personen oder Gruppen.

Dazu ist es erforderlich, dass eine Gruppierung sich zunächst einmal bildet bzw. bewusst als Einheit wahrgenommen wird. Das wiederum setzt gemeinsames Erleben voraus – am besten zu erreichen bei gemeinsamen Interessenlagen. Kooperation ist keine menschliche Grundeigenschaft. Sie nimmt erst Gestalt an, wenn eine weitere Komponente zutrifft, nämlich eine Identifikationswilligkeit, die bei Clubs, Vereinen, Dorf- und Hausgemeinschaften gegeben sein können. In Städten dagegen ist der persönliche Kontakt in der Regel auf wenige Menschen beschränkt. Die meisten Menschen, denen man begegnet, sind einem fremd. Man fühlt sich ihnen nicht verpflichtet und hält es deshalb nicht für erforderlich, dass man den Fremden mit der gleichen sozialen Verbindlichkeit umsorgt wie ein Familienmitglied. Die christliche Aufforderung „Liebe deinen Nächsten wie Dich selbst" wird deshalb von den meisten als frommer Wunsch angesehen, der jedoch mit der Realität nichts zu tun hat. Man weiß aus Erfahrung, dass man von den anderen, den „Nächsten", auch nicht erwarten kann, dass sie einem selbstlos zur Verfügung stehen, wenn man auf Hilfe angewiesen ist.

Nur der eigene Charakter eines Individuums entscheidet, ob man ohne Erwartung einer Gegenleistung bereit ist, einem anderen beizustehen und ihm mit Würde, d. h. gleichwertig zu begegnen. Man braucht sich nur Kriegszeiten ins Gedächtnis zurück zu rufen um zu erkennen, dass einerseits Leute, die mit keiner Strafe zu rechnen hatten, sich unmenschlich gegenüber Mitmenschen verhielten, während es gleichzeitig Personen gab, die unter eigener Lebensgefahr ihre verfolgten Nachbarn versteckten. Auch wenn dies ein Kriegsbeispiel ist, so lassen sich die unterschiedlichen Verhaltensvariablen durchaus auch auf Friedenszeiten übertragen.

Zieht man den sozialen Kreis noch größer, also z. B. um das Land oder die Nation, reduziert sich das Gemeinschaftsgefühl auf die paar Gelegenheiten, in denen die Nation als Nation spürbar ist, etwa bei Spielen der Nationalmannschaft oder sonstigen besonderen Ereignissen, bei denen man für die Nation hofft oder stolz auf sie ist.

Es ist eine unumstrittene Tatsache, dass das Empfinden sozialer Verbindlichkeit, also das Gefühl der moralischen Verpflichtung gegenüber anderen, in dem Maße abnimmt, in dem sich der Umfang der sozialen Gemeinschaft vergrößert. Mit Vergrößerung der Gemeinschaft wird die Anerkennung dieser gesellschaftlichen Werte schwächer.

Auf einzelne Werte bezogen ist es aber durchaus möglich, dass das Individuum diese für sich übernimmt, auch wenn sie nicht zur eigenen Veranlagung gehören. Das kann zum Beispiel erreicht werden durch gesellschaftliche Normen oder Werte, bei denen man weiß, dass sie von allen geschätzt und respektiert werden. Also verhält man sich dementsprechend, weil man dazugehören will, um nicht abseits zu stehen.

2. Genetischer Selbsterhaltungstrieb – Egoismus – Befriedigung

Es ist jedoch nicht so, dass unser Selbsterhaltungstrieb zu einem Verhalten führen muss, das negativ besetzt mit „Egoismus" zu umschreiben wäre, also mit der ausschließlichen Sorge um den eigenen Vorteil. Wir sind durchaus bereit und gewillt, auf unsere Mitmenschen und Kollegen Rücksicht zu nehmen, ihnen Unterstützung anzubieten und Mithilfe zu leisten. Joachim Bauer (*1951), Psychiatrieprofessor aus Freiburg, stellt fest: „Unser Bemühen, als Person gesehen zu werden, ist das Wichtigste. Selbsterhaltung bedeutet bei uns Menschen, dass wir von Anderen Resonanz erhalten, dass wir Akzeptanz und Wertschätzung erfahren. Studien zeigen: Wem es daran mangelt, der wird nicht nur schneller und häufiger krank. Er lebt auch kürzer (Bauer, 84).

Nach der Auffassung von Gary Becker (*1930), der für diese Erkenntnis 1992 den Nobelpreis für Ökonomie erhielt, wägt das Individuum in jeder Lebens- und Entscheidungssituation ab, welche Alternativen es gibt – und welche Nutzen und Kosten sie verursachen. Dieser Ansatz gelte nicht nur ökonomisch, sondern sei auf das gesamte menschliche Verhalten anwendbar. Menschen sind demzufolge von der Grundveranlagung her Zeit ihres Lebens auf der Suche nach Befriedigung jeglicher Art. Wir können also feststellen, dass der menschliche Selbsterhaltungstrieb durchaus anderen Werten zugänglich ist als nur dem persönlichen Vorteil. Es geht ihm vorrangig um Befriedigung, dabei kann die Quelle dieser Befriedigung so vielseitig sein wie der Mensch selbst (Losse, 34).

Befriedigung kann man gleichermaßen empfinden bei der Hilfe und Sorge für andere, beim Einsatz für ein bestimmtes Ziel, in der Wertschätzung durch andere oder durch gemeinsames Erleben mit anderen. Selbst edelster Altruismus ist laut Becker erklärbar als Produkt individueller Nutzenpräferenz. Es erklärt somit auch Verhaltensweisen, die auf den ersten Blick nicht in dieses Konzept passen. Denken wir an die Aufopferungsbereitschaft von Mutter Teresa oder die Aktion der Minikredit-Banken des Mohammed Yunus (*1940), Wirtschaftsprofessor an der Universität von Chittagong in Bangladesch. Yunus bekannte in einem Interview: „Während Menschen auf den Straßen vor Hunger starben, lehrte ich elegante Wirtschaftstheorien. Ich begann, mich für die Arroganz zu hassen, vorzugeben, ich hätte Antworten. Wir wussten absolut nichts über die Armut um uns herum“ (Handelsblatt, 2718788). Als *Bankier der Armen* erhielt er den Friedensnobelpreis für sein System der Mini-Kredite.

Darin liegt also die gute Nachricht, dass menschliches Handeln, auf andere Menschen bezogen und zu ihrem Wohl, mit diesem Denken und Streben nach optimaler Befriedigung durchaus vereinbar ist.

Die schlechte Nachricht bleibt hingegen, dass jedes Individuum in gleich welcher Funktion durch die Grundveranlagung zu seiner Überlebenssicherung Tätigkeiten entwickeln kann, die nicht im Einklang mit den gesellschaftlichen Erfordernissen stehen. Ja, dass das Individuum sogar dahin tendiert, seine Situation gegebenenfalls auch auf Kosten anderer zu stabilisieren und zu verbessern. Das wiederum führt zu der Tendenz, dass auch Menschen, die sich grundsätzlich nicht zu dieser gesellschaftsschädlichen Verhaltensweise bekennen, allzeit bedacht sein müssen, dass sie nicht *untergebuttert* werden. Ihre daraus resultierende Positionsverteidigung kann sich dann nicht minder ungünstig auf die Gesellschaft auswirken.

Die zweite schlechte Nachricht ist die, dass jeder von sich selbst weiß, dass er in erster Linie an seine eigenen Interessen denkt. Er weiß aber auch, dass das in der Gemeinschaft nicht als erstrebenswert angesehen wird. Also versucht er – und somit die ganze Gemeinschaft – die eigenen Interessen hinter anderen Argumenten zu verstecken und vorzugeben, nur das Interesse der Gruppe oder der Gemeinschaft im Kopf zu haben.

Im Laufe des Zusammenlebens hat sich eine Idealvorstellung des individuellen Verhaltens in der Gemeinschaft herausgebildet. Jeder weiß, welche Verhaltensweisen geschätzt und eigentlich von jedem Mitglied der Gesellschaft erwartet werden. Zusammengefasst findet man diese in jeder Art von Abschieds- und speziell Grabreden und bei Würdigungen einer Person. Man macht die Betroffenen zu Gutmenschen. Da redet man von Selbstaufopferung, selbstlosem Einsatz für die Seinen, für alle ein Vorbild, unermüdliches Streben, nie zufrieden mit sich selbst, dynamisch, selbstlos, gefühlvoll, mit einem guten Herzen und immer einem offenen Ohr für die Sorgen anderer. Er war ein guter Kollege, freundlich und kollegial, immer bereit einzuspringen, wenn es erforderlich war. Seinen Kindern war er ein guter und verständiger Vater, seiner Frau ein einfühlsamer und liebender Ehegatte, seinen Freunden, Nachbarn und Bekannten ein immer freundlicher und hilfsbereiter Mensch, der jederzeit für sie da war. Ein Vorbild für alle. Selbst wenn der Verblichene ein *mieser Typ* war, wird man interpretieren, dass er auf seine eigene Weise (oder im Rahmen seiner Möglichkeiten) ein echter und aufrechter Mensch war.

Wir wissen aus eigener Erfahrung – bei uns selbst und bei anderen – dass wir Menschen diesem Anspruch nicht gerecht werden. Uns ist bewusst, dass wir das eigene Interesse nicht hinter uns lassen können, sondern immer mit uns herumtragen und jederzeit hinterfragen, was die eine oder andere Maßnahme uns als Individuum an Befriedigung bringen kann. Vielleicht schämen wir uns ja auch heimlich, dass wir nicht so sind, wie wir die anderen glauben machen wollen. Aus diesem schlechten Gewissen heraus und weil jeder weiß, dass alle so sind, machen wir den anderen wegen dieses Verhaltens auch keine Vorwürfe. Wir leben ganz gut mit dieser verlogenen *Scheinheiligkeit*, gemeinsam ein Ideal zu vertreten, aber stillschweigend permanent dagegen zu verstoßen (Tacke, 14 ff.).

Wenn es also bei Felber darum geht, als ersten Schwerpunkt einer Gemeinwohl-Ökonomie den Wertewiderspruch zwischen Wirtschaft und Gesellschaft aufzulösen, dann sollte insbesondere bei aufgeführten Werten der Gesellschaft wie z. B. Vertrauensbildung, Wertschätzung, Kooperation, Solidarität und Teilen festgehalten werden, dass hier eine erhebliche Diskrepanz besteht zwischen dem, was wir vorgeben zu schätzen und dem, was wir alle an Werten leben.

In dem Bewusstsein, dass diese Denkungsart uns allen eigen ist, sollten wir aufhören, so zu tun, als wären wir nicht so. Denn das *verstecken wollen* der eigentlichen Beweggründe ist eine folgenschwere Gesellschaftslüge, die in Politik und täglichem Leben zu permanenten Missverständnissen, zu einer falschen Einschätzung der Situation und zu völlig falschen Entwicklungen führt. Es wäre ehrlicher, hilfreicher und zudem ein wichtiger positiver Faktor für das gesellschaftliche Zusammenleben, wenn wir diese Basisveranlagung als Faktum und festen Bestandteil bei der Ausgestaltung unserer Gemeinschaft berücksichtigen würden, indem wir uns dafür einsetzen, die für unser Gemeinwohl negativen Auswirkungen der individuellen *Selbsterhaltungs-Aktivitäten* so gering wie möglich zu halten.

3. Negative Auswirkungen begrenzen

Der Schaden für das Gemeinwohl, der durch die diversen oben angedeuteten menschlichen Mängel verursacht wird, ist beträchtlich.

Die negativen Auswirkungen können mannigfacher Natur sein. Es geht dabei nicht nur um das Geld, das der Gemeinschaft für die Erfüllung verschiedenster Aufgaben zur Verfügung steht und dabei Begehrlichkeiten der unterschiedlichsten Interessengruppen weckt. Es geht genauso gut um die Polarisierung von arm und reich. Und insbesondere muss Beachtung finden, dass individueller Reichtum an sich als problematisch für die Gemeinschaft dargestellt wird. Die, die diese Meinung vertreten, verschweigen häufig bewusst, dass Macht- und Beziehungspositionen durchaus in der Lage sein können, einer Gesellschaft und ihrem Gemeinwohl einen ungleich höheren Schaden zuzufügen als es der Reichtum eines Individuums vermag.

In allen autoritär regierten Staaten nutzen die Machthaber ihre Position, um über Beschränkung der Möglichkeiten anderer Reichtum für sich zu schaffen. Besonders die Auflösung der DDR hat deutlich gemacht, wie wenig Chancen die Bevölkerung jahrzehntelang hatte, sich aus diesem Druck der politischen Macht und dem zentralen Überwachungssystem zu befreien, während die „Machthaber" das System nutzten, um für sich über unzählige Privilegien eine komfortable und sichere Existenz zu schaffen.

Man denke auch an die regelmäßigen Frustrationsgefühle, die uns befallen, wenn wir feststellen, dass offensichtlich die meisten Institutionen, die direkt oder indirekt mit der Verwaltung unserer Gesellschaft und ihrer Bedürfnisse betraut worden sind, dabei ertappt werden, dass bei Ihnen das Gemeinwohl nur ganz am Rande eine Rolle spielt.

Die menschliche Unzulänglichkeit ist eine unabänderliche Tatsache. Es ist deshalb eine vordringliche Aufgabe der Gesellschaft als Ganzes zu versuchen, gemeinwohlschädigendes Verhalten einzelner Gruppen oder Individuen durch eine entsprechende Rahmenordnung nach Möglichkeit abzuschwächen oder zu eliminieren. Das ist die fundamentale Bedingung, die erfüllt sein muss, bevor der positive Mechanismus unserer Marktwirtschaft zu unser aller Zufriedenheit wirken kann. Die schon angeführten Gruppierungen des *tragischen Dreiecks* werden jedoch Reformen zu verhindern wissen, bei denen sie selbst in ihrer Machtkonstellation beeinträchtigt werden könnten.

Wir müssen uns andererseits aber auch darüber im Klaren sein, dass wir selbst zwar wollen, dass der Staat sich nicht gruppen-, sondern gemeinwohlorientiert engagiert, dass wir aber ganz gerne ein Nachsehen haben, wenn wir selbst von einer derartigen angeprangerten Gruppen-Bevorzugung profitieren können.

Wenn also im weiteren Verlauf darüber gesprochen wird, was in welchen Institutionen oder Funktionen nicht so läuft, wie wir uns das als Mitglieder dieser Gesellschaft wünschen, dann müssen wir fairerweise davon ausgehen, dass wir selbst – in der gleichen angesprochenen Funktion – nicht anders reagieren würden als die von uns kritisierten Stelleninhaber. Sie sind nicht die Steine des Anstoßes, sondern nutzen die Gegebenheiten und Möglichkeiten ihrer Funktion in einer Weise, welche von uns nicht als gerechtfertigt empfunden wird.

Nach dem Motto „Wir sind das Volk!" sind nur wir selbst als Gemeinschaft in der Lage, die Schwachstellen des Systems einzudämmen, die dazu angetan sind, gesellschaftsschädigendes Verhalten zu ermöglichen.

4. Gemeinschaft wahrnehmen, erleben und gestalten

Man muss einem Individuum eine Gemeinschaft zuerst bewusst machen, damit sie als Wert wahrgenommen werden kann und die Individuen in ihr ein Verantwortungsgefühl füreinander entwickeln. Bei einer totalen Regulierung von außen bleibt wenig Platz, um eigene Sozialinitiativen zu ergreifen. Wer sich im Verkehr nach grün und rot richten muss, empört sich bei grün, wenn ein Fußgänger noch nicht ganz über die Straße gekommen ist oder noch ein Auto auf der Kreuzung steht. Gäbe es diese Ampel nicht, würden sich beide Seiten besser arrangieren. Paul Kirchhof (*1943) hat in seinem Buch *Das Gesetz der Hydra. Gebt den Bürgern ihren Staat zurück* darauf hingewiesen, dass die öffentliche Verwaltung immer mehr Aufgaben an sich zieht und damit unsere soziale Eigendynamik zunehmend immobilisiert. Er schlägt vor, man solle zur Anschauung einmal in einer vollen Fußgängerzone gegen den Strom laufen und beobachten, wie man sich selbst und wie sich der *Gegenverkehr* der Passanten bemerkbar macht, und wie jeder andeutet, ob er eine Richtung vorgibt oder auf ein Zeichen von mir wartet. Es gibt keine aggressiven Reaktionen. Man verständigt sich eben auf gleicher Ebene und Augenhöhe, respektiert den anderen *wildfremden* Menschen und bringt ihm wie selbstverständlich die Würde entgegen, die bei Felber eine Grundvoraussetzung ist für eine neue Gesellschaftsordnung.

Mittlerweile gibt es schon mehrere verkehrszeichenarme Städte. Der Verkehrsplaner Hans Mondermann hat in Drachten, einem 50.000 Einwohner-Ort in der Nähe von Groningen unseren § 1.2 der Straßenverkehrsordnung wörtlich genommen und realisierte das Konzept vom gemeinsam zu nutzenden Verkehrsraum mit dem Ziel, dass jeder Verkehrsteilnehmer gleichberechtigt ist und sich so verhält, dass kein anderer geschädigt, gefährdet

Bohmte

oder mehr, als nach den Umständen unvermeidbar, behindert oder belästigt wird. Das erfordert, dass alle Beteiligten sich untereinander verständigen. Es gelten neben *Tempo 30* nur zwei weitere Regeln: *rechts vor links* und *wer stört, wird abgeschleppt*. Nur auf diese Weise könne das verloren gegangene selbstverantwortliche Sozialverhalten wiederbelebt werden. Wer sich absolut sicher und im Recht fühlt, nimmt sich nicht in Acht.

Das System funktioniert deshalb, sagt Mondermann, „weil die Menschen Hirn und soziales Denken einschalten müssen", um aus den unsicheren Verkehrssituationen mit Hilfe von Verständigungsverhalten sichere zu machen (Meyer-Odewald 2007). Es kommt zu einem Miteinander aller Verkehrsteilnehmer, wo sonst üblicherweise ein Gegeneinander an der Tagesordnung ist.

Mehr Miteinander führt zu mehr selbstverantwortlichem Sozialverhalten. Dazu muss man uns aber die Chance geben und nicht alles, was für das Sozialverhalten wichtig sein könnte, durch obrigkeitsverfügte Regulierungen auslöschen. Ein Gefühl für Gemeinschaft, Gemeinsamkeit und Verantwortung zu schaffen sollte nicht nur für uns, sondern auch für alle, die unsere Gemeinschaft verwalten und lenken, oberste Notwendigkeit sein, wenn die Zukunft anders aussehen soll.

Das Eigeninteresse ist zwar ein angeborener Instinkt, ohne den unsere Spezies nicht bis heute überlebt hätte. Die Erfahrung des genetischen Eigennutzes lässt aber die Möglichkeit offen, diese auf Vertrauen basierende Situation auch auf einen größeren Kreis von Menschen übertragen zu können. In dem Maße wie das erreicht wird, wird es leichter sein, die diversen Erfordernisse durchzusetzen, die für das Wohl der Gemeinschaft in Zukunft für uns und unsere Kinder unabdingbare Voraussetzungen sind.

III. Adam Smith und der Markt

1. Der Markt als Handelstreffpunkt

Wichtigste Aufgabe jeder Gesellschaft muss zunächst die Sicherstellung der existentiellen Versorgung der Mitglieder sein – eine ökonomische Feststellung, die nur noch die Frage offen lässt, auf welche Weise das am besten erreicht werden kann.

Das uns alle befallende dumpfe Gefühl, dass unsere Marktwirtschaft offensichtlich versagt, wird von diversen Kräften gesteuert und unterstrichen, die von diesem Lamento profitieren. Tatsache ist jedoch, dass nicht die Marktwirtschaft als der „neutrale" Mechanismus ökonomischer Verhaltensweisen versagt hat, sondern dass wir, die Nutzer dieser Institution, die Urheber des Versagens sind. Wir sitzen am Steuer eines zuverlässigen Autos, kennen auch die Gebrauchsanweisung, aber ignorieren permanent und dauerhaft deren technische Informationen. Wir drehen das Steuer nach links, obwohl wir nach rechts fahren wollen, landen dann an einer Mauer und schimpfen über das Auto, das offensichtlich lebensgefährlich ist. Nichts anderes machen wir mit dem besten, das die Wirtschaftswissenschaften definiert haben, dem Mechanismus der Marktwirtschaft. Die Marktwirtschaft kann sehr vorteilhaft und effizient arbeiten, wenn man ihren Funktionsmechanismus respektiert. So gut wie alle gesellschaftlichen Institutionen neigen jedoch dazu, den Mechanismus zu beeinflussen, wenn sie dadurch Nachteile für sich abwenden oder Vorteile erreichen können.

Der Markt bietet die Urform der Bedürfnisbefriedigung. Ihn gibt es auf der ganzen Welt. Selbst in zentralverwalteten Planwirtschaften bildet er sich als Schwarzmarkt und wurde teilweise systemwidrig legalisiert in Form von Devisenläden, in denen nur die Leute kaufen konnten, die sich – auf welche Weise auch immer – ausländische Devisen besorgt hatten. (z. B. Intershops in der DDR).

Dass Marktwirtschaft laut Felber wechselseitige Übervorteilung bedingt, ist schwer zu glauben. Es wird auch nicht dadurch plausibler, dass man von Fresskonkurrenz, konkurrenzieren und Verdrängung spricht und diese Begrifflichkeiten als das Wesen des Marktes ansieht und auf alle Markt-Handlungen überträgt (Felber, 27 f.). Betrachten Sie einen klassischen Markt mittelalterlicher Prägung. Er ist seit Menschengedenken der Platz, wo sich alle Menschen, die etwas anzubieten haben und alle diejenigen, die etwas suchen, treffen. Dieses Zusammenlaufen (con-currere) ist die ursprüngliche Bedeutung des Wortes „Konkurrenz" und im Sinne von Felber grundsätzlich eine *Win-Win*-Situation, weil auf diese Weise die Nachfrager aus einem relativ großen und breiten Sortiment auswählen können und die Anbieter den Vorteil darin finden, dass an diesem Platz die zu diesem Zeitpunkt größtmögliche Anzahl an Interessenten versammelt ist. Das bietet für alle Beteiligten die beste Chance, Marktübersicht zu bekommen, sich an die Gegebenheiten anzupassen und den optimalen Befriedigungsgrad zu erreichen. Dabei „kämpfen" nicht nur Bäcker gegen Bäcker, sondern Bäcker gegen Metzger und Brauer, und alle Produzenten gemeinsam um die Gunst der Käufer. Wer diese Gunst nicht erreicht, ist bei Felber ein *Loser,* aber er muss den Fehler bei sich und nicht bei den anderen suchen. Der Wettbewerb um die Gunst des Kunden ist aus Sicht des Käufers die optimale Situation. Aus der Sicht der Produzenten gibt der Markt durch seine Reaktion Hinweise, wo das Produkt oder der Preis verbessert werden muss, um attraktiv genug zu sein, um Aufmerksamkeit zu finden. Somit profitiert auch der *Loser* von dem Markt und wird zum *Winner,* indem er neue Informationen und Hinweise erhält, was an seinem Produkt zu verbessern ist. Die unbeschränkte Lust der Käufer, ihre Befriedigungselemente selbst zusammenstellen zu können, ist die Freiheit, die der Markt bietet. Für den Verkäufer bedeutet das, dass ein Gewinn beim Verkauf seines Produktes die Prämie darstellt, die ein Käufer bereit ist zu bezahlen, weil er beim Kauf dieses Produktes die optimale Befriedigung findet. Es ist nicht unbedingt schlüssig, dass durch eine derartige Tätigkeit das gesellschaftliche Vertrauen systematisch zerstört wird.

Der Markt als Instrument ist frei. Wenn die Parteien darin laut Felber nicht die gleichen Chancen haben, weil z. B. der eine nicht über ausreichend Geld oder der andere nur über schlechte Ware verfügt, dann ist das nicht der Fehler des Marktes, sondern eine Schwäche des Einzelnen oder ein Fehler in den gesellschaftlichen Vereinbarungen. Es ist Aufgabe der Gesellschaftsverwaltung, die Freiheit des Einzelnen durch entsprechende gesetzliche Regelungen wieder herzustellen. Daraus die Folgerung abzuleiten, dass eine Marktwirtschaft, in welcher Gewinn und Konkurrenz herrschen, als inhuman, illiberal und rücksichtslos zu bezeichnen sei, verwechselt zu stark das marktwirtschaftliche System mit den eigentlichen Ursachen, den negativen Auswirkungen, die ihm von allen Seiten in tatsächlich inhumaner Weise zugefügt werden.

Am Markt wird niemand verdrängt. Ob jemand zu hohe Preise oder zu niedrige Qualität offeriert, entscheidet nicht der Konkurrent, sondern der Käufer. Jeder wird gehalten, das zu offerieren, was die Konsumenten für gut befinden. Schafft einer das nicht, gibt es keinen Grund, dass er weitermacht, denn wir als Käufer müssten bei ihm ein schlechteres Preis-Leistungsverhältnis akzeptieren als wir zu gleicher Zeit am gleichen Ort realisieren könnten. Und genau das soll der Markt verhindern. Wenn ein Käufer unter 10 Angeboten zu wählen hat und sich für eines davon entscheidet, gibt es eine *Win-Win*-Situation, aber neun *Loser*-Situationen. Eine *Win*-Situation ohne *Loser* kann es auf der Anbieterseite nur dann geben, wenn der Käufer am Markt nur ein Angebot findet – oder in der Formulierung von Felber: Wenn ein Anbieter die neun anderen gefressen hat. Daraus resultiert aber letztendlich eine *Lose-Win*-Situation, da der Käufer in einer derartigen Monopolsituation des Verkäufers einen überhöhten Preis zahlen muss und damit der absolute *Loser* ist. Das jedoch ist nicht der Sinn des Marktes und wurde deshalb vom Gesetzgeber zu Recht als Wettbewerbsbeschränkung untersagt.

Der Sozialwissenschaftler Alfie Kohn (*1957) weist darauf hin, dass Ökonomen normalerweise Knappheit nicht anwenden auf zu wenige Güter. Technisch benutzen sie diesen Begriff um darzustellen, dass, wenn man eine Ware nimmt, man auf eine zweite verzichten muss (Kohn, 72). Die Knappheit, von der Kohn hier spricht, ist die Knappheit des Tauschmittels *Geld*. Ich als Käufer muss mich entscheiden, mit welchem

Warenmix ich mir für das geplante Budget die größte persönliche Befriedigung einkaufen kann. Dafür vergleiche ich den Nutzen verschiedener Produkte, die um Teilhabe an meinem Budget buhlen und entscheide mich zunächst für ein bestimmtes Produkt. Erst in einem zweiten Schritt betrachte ich dann die verschiedenen Anbieter des gleichen Produktes und wähle unter ihnen denjenigen aus, dessen Preis-Leistungs-Verhältnis mich am meisten befriedigt.

Die physische Knappheit oder Übermenge an Ware – und das ist eine sehr wichtige Funktion des Marktes – gleicht sich durch den Preismechanismus wieder aus. Wenn ein Produkt am Markt de facto knapp wird, wird der Anbieter die größere Nachfrage in einem ersten Schritt für eine Erhöhung des Preises *ausnutzen*, indem er den Preis solange erhöht, bis keiner der Nachfrager mehr bereit ist, den geforderten höheren Preis zu zahlen, denn mit steigendem Preis sinkt sukzessive das Interesse der Konsumenten. In einem zweiten Schritt stellen alle anderen Produzenten des gleichen Artikels fest, dass es sich bei den höheren Preisen lohnt, mehr zu produzieren. Dadurch vergrößert sich in der nächsten Phase die angebotene Menge am Markt, bei den höheren Preisen sinkt jedoch die Menge der Nachfrager. Somit muss der Preis des Gutes erst wieder sinken, weil nur über einen reduzierten Preis mehr Käufer als vorher bereit sein werden, sich für dieses Produkt zu entscheiden.

Felber sieht in der Marktwirtschaft den Widerspruch zu den gesellschaftlichen Werten, der uns im Innersten spaltet, sowohl als Individuum als auch als Gesellschaft (Felber, 21). Hier bedarf es einer weiteren Differenzierung. Gier, Geiz und Neid sind Charaktereigenschaften der Individuen. Wem sie eigen sind, der versucht sie auszuleben. Das hat mit dem System der Marktwirtschaft nicht viel zu tun, eher mit den Möglichkeiten, die der heutige Markt manchen Teilnehmern noch bietet, durch nicht eingegrenzte Privilegien mit ihren *Lastern* Vorteile zu erzielen zum Nachteil des Gemeinwohls. Die Marktwirtschaft in der heutigen Form wird durch eine Unzahl von nicht marktwirtschaftlichen, aber erlaubten Verhaltensweisen pervertiert (Korruption, politische Manipulation, Lobbyismus, Ämterpatronage, fehlende Haftung etc.) Die gilt es abzuschaffen, nicht den Marktmechanismus, der durch das Wirtschaftswunder dokumentiert hat, dass er in der Lage ist, ein Volk zum Wohlstand zu führen.

Es wird deutlich, dass Felber seine Kritik des marktwirtschaftlichen Systems festmacht an den negativen Auswüchsen, die in zunehmendem Maße den Markt verfälschen. Die gleiche Kritik finden wir auch schon bei Adam Smith, der jedoch im

Gegensatz zu Felber nicht das marktwirtschaftliche System verteufelt, sondern damals schon gegen die negativen Auswirkungen der Privilegien einzelner Gruppen protestierte, um die Effizienz des Marktmechanismus wieder herzustellen.

Bei diesem Wettbewerb um die Gunst des Kunden ist der Erfindungsgeist der Produzenten gefragt. Sie versuchen, billiger zu produzieren, Neuerungen am Produkt durchzuführen oder aber auch derartiges nur vorzutäuschen. Sie versuchen dann, uns mit Hilfe des gesamten Marketing-Instrumentariums davon zu überzeugen, dass das, was wir besitzen, *von gestern* ist und wecken den Wunsch für das Neue. Oder andere geben einfach nur an, dass das Produkt jetzt noch viel weißer wäscht, obwohl sie nichts verändert haben. Neue Produkte kann man nicht verbieten. Das wäre gegen die erwünschte Funktionsfreiheit des Marktes. Aber man kann dafür sorgen, dass unlautere Werbemaßnahmen ebenso wie falsche, unvollständige oder missverständliche Informationen verboten werden. Der Missbrauch ermöglicht darüber hinaus, nicht existierende Nachfrage zu schaffen – so als würde eine Glasfirma nachts Scheiben einschlagen, um sie am nächsten Tag wieder reparieren zu können.

Unternehmer haben keinen anderen Charakter als Beamte, Wissenschaftler, Gewerkschafter oder

Politiker. Sie versuchen alle, die ihnen legal zur Verfügung stehenden Möglichkeiten auszunutzen, um ihre Situation zu verbessern. Darin lag einmal das gesellschaftliche Risiko des komplett freien Marktes der industriellen Frühzeit, wie ihn seit dem zweiten Weltkrieg keine Nation mehr haben möchte. Im Gegensatz zum Kapitalismus der Laisser-faire-Epoche werden dem Staat in der Marktwirtschaft Eingriffsmöglichkeiten zugebilligt, weil auch ein freier Markt zum Schutz der Gesellschaft stabiler und verlässlicher Rahmenbedingungen bedarf. Damit hätte die Gesellschaft die Möglichkeit bekommen, alle negativen Manipulationen der marktwirtschaftlichen Möglichkeiten zu verhindern. Die Politik allerdings hat diese Möglichkeit lediglich dazu benutzt, ihre eigene Machtposition durch Machtkoalitionen mit allen öffentlichen und wirtschaftlichen Bereichen auszuweiten. Somit ist das Gegenteil dessen eingetreten, was mit der sozialen Marktwirtschaft geplant war. Die soziale Marktwirtschaft wurde dem Machtkartell der Parteien untergeordnet. Gleichzeitig wurde dem Wähler die Möglichkeit genommen, die Macht, die laut Verfassung vom Volk auszugehen hat, wirksam einzusetzen. Aus diesem Grunde wurde außer einem Gesetz gegen Wettbewerbsbeschränkungen (1958) kaum eine Begrenzung der gesellschaftlich schädlichen Tätigkeiten anderer Gruppierungen angestrebt. Diese eine Maßnahme, die den Beginn der sozialen Marktwirtschaft einläutete, zeigte, wie sehr eine derartige Entscheidung Einfluss nehmen konnte auf Wohl und Wehe des Gemeinwohls.

Der Wirtschaftswissenschaftler Roland Baader (1940–2012) weist auf die enorme wirtschaftliche Entwicklung der letzten beiden Jahrhunderte hin. Der Weg aus der Massenarmut und dem Elend der Bevölkerung war schon im Verlauf des 19. Jahrhunderts eine einzigartige Erfolgsgeschichte. „Was der Kapitalismus jedoch im 20. Jahrhundert an Wohlstand und Fortschritt erzeugt hat, ist ohne Beispiel in der gesamten Menschheitsgeschichte. (…) Die Lebenserwartung in den westlichen Industrieländern ist im Laufe des 20. Jahrhunderts um 30 Jahre gestiegen; die Kindersterblichkeit ist um 90 % gesunken; die Todesfälle infolge der schweren Infektionskrankheiten wie Tuberkulose, Kinderlähmung, Typhus, Keuchhusten und Lungenentzündung sind von 700 je hunderttausend Köpfen auf 50 gefallen; die Produktivität der Landwirtschaft hat sich verzehnfacht; das reale Sozialprodukt je Kopf der Bevölkerung ist von 4.800 auf 31.500 $ gestiegen. (…) Ganz zu schweigen von den lebens- und arbeitszeiterleichternden Dingen wie Strom, Telefon, Wasserklosett, Auto, Wasch- und Trockenmaschinen, Spülmaschinen, Radio und Fernseher …" (Baader, 74 f.). Gleichermaßen imponierend ist, dass Dinge, die Anfang des letzten Jahrhunderts nur wenigen privilegierten Haushalten zur Verfügung standen, heute zur Standardeinrichtung der meisten Haushalte gehören. Baader verweist in seinen Erklärungen auf den Wirtschaftswissenschaftler und Nobelpreisträger F. A. von Hayek, der immer wieder dargelegt hat, wie der marktwirtschaftliche Wettbewerb als *Entdeckungsverfahren* wirkt und dass das für den menschlichen Fortschritt notwendige Wissen überwiegend nur in freien Eigentümer-Gesellschaften entstehen und sich verbreiten kann.

Mit technischem Fortschritt allein kann dieser kontinuierliche Aufschwung nicht begründet werden. „Nichts belegt diese Tatsache eindrücklicher als die Ergebnisse der Spaltung der Deutschen (also von Menschen einer gemeinsamen Kultur) in zwei Hälften: in eine Marktwirtschaft im Westen und eine sozialistische Wirtschaft im Osten. Während Deutschland West zur bedeutendsten Automobil-Nation der Welt wurde, brachten fünfzig Jahre Ingenieurkunst in Deutschland Ost gerade mal den Trabi hervor“ (Baader, 76).

Ein Kritikpunkt Felbers an der Marktwirtschaft betrifft die interessengesteuerte Investitionstätigkeit der Unternehmen. Sie bevorzugen die Bereiche, die ihnen Geld bringen und vernachlässigen andere Bereiche oder sind dort teurer (Kohn, 76 f.). Aber diese Resultate sind genau das, was in vorderster Linie erreicht werden soll mit der Markt-Struktur. Wenn eine negative Auswirkung auf die Versorgung der Gesellschaft entsteht, ist es Aufgabe der öffentlichen Verwaltung, dafür zu sorgen, dass der Nachteil ausgeglichen wird. Wenn eine wenig befahrene Strecke dem Bus-Unternehmer keinen Gewinn bringt, hat er die Entscheidung, den Service einzustellen oder ihn teurer zu machen (aufgrund der höheren Kosten eines fast leeren Busses), oder er entscheidet sich für einen flächendeckenden Service, um die allgemeine Zufriedenheit seiner Kundschaft zu stabilisieren. Er wird als Unternehmer die für ihn wirtschaftlich sinnvollste Lösung suchen. Es hängt dann von seinem persönlichen Charakter ab, ob und in welchem Ausmaß zusätzlich soziale Aspekte von ihm berücksichtigt werden. Die Gemeinde oder der öffentliche Dienst, die in erster Linie für das Wohl ihrer Mitbürger zuständig sind, können in verschiedener Weise darauf reagieren. Sie können für das Streckennetz eine neue Ausschreibung zwischen allen verfügbaren Busunternehmen machen und dabei vorschreiben, wie die Strecken zu befahren sind. Sollte das erfolglos sein, muss die Gemeinde für sich entscheiden, wie die Unterversorgung einiger Strecken so kostengünstig wie möglich ausgeglichen werden kann. Man verlangt vom Marktmechanismus zuviel. Er kann nicht für soziale Fehlleistungen verantwortlich gemacht werden. Wenn sich eine Entwicklung zeigt, mit der die Gesellschaft nicht zufrieden ist, dann muss die Gesellschaft entsprechende Grenzen setzen bzw. Vorschriften erlassen, die den Nachteil auf ein Minimum reduzieren.

2. Adam Smith

Bei seiner Argumentation gegen die Marktwirtschaft beruft sich Christian Felber unter anderem auf das häufig wahrgenommene Reaktionsmuster der *Mainstream*-Ökonomen (Felber, 27 f.):

1) *Es gibt keine Alternative zur Marktwirtschaft.* Das sollte man allerdings präzisieren, denn sie sagen: *Es gibt keine bessere Alternative als die Wirtschaftsform der Marktwirtschaft.* In der Regel meinen sie damit in erster Linie den Vergleich zu den Zentralplan-Wirtschaften sozialistischer Prägung. Sie meinen sicherlich noch nicht die Alternative der Gemeinwohl-Ökonomie, die Felber selbst als die bessere Alternative ansieht. Aber möglicherweise ist es für einen wissenschaftlichen Vergleich noch etwas zu früh.

2) *Die Marktwirtschaft ist die produktivste Wirtschaftsform, die es gibt.* Sie verlangt von den

Produzenten einen permanenten Verbesserungs- und Verbilligungsprozess, um zu überleben, und beschert durch diesen Wettbewerb um die Kundenzustimmung den Kunden sinkende Preise bei steigender Qualität.

Felber spricht in diesem Zusammenhang von *Mythos* und dass *kein Wirtschaftswissenschaftler das hat empirisch beweisen können* (Felber, 27 f.). Die Unterstellung, dass der ökonomische *Mainstream* behaupte, Wettbewerb sei in der Natur des Menschen angelegt und deshalb unvermeidbar, dürfte schwer zu dokumentieren sein. Die Wissenschaft geht eher vom Eigennutz aus, der eine wesentliche Triebfeder menschlicher Tätigkeit darstellt (sei es Geld, Macht oder Anerkennung in jeder Form). Um diesen zu erreichen, versucht der Mensch etwas zu unternehmen und intensiv über alle Möglichkeiten nachzudenken, und am Markt etwas zu offerieren, was von den anderen akzeptiert wird.

Felber will wahrscheinlich mit der Mainstream-Argumentation der Wirtschaftswissenschaftler klarmachen, dass, wenn es diese Argumentation nicht gibt, das System seine Daseinsberechtigung verloren hat. Wer dabei Adam Smith Schuld gibt an der falschen Entwicklung, tut ihm herbes Unrecht an. Er war Moralphilosoph zu einer Zeit, in welcher Moralphilosophie der große Gegenbegriff zur Naturphilosophie war. Und da in Schottland des 18. Jh. noch kein Unterschied gemacht wurde zwischen Philosophie und Wissenschaft, war Naturphilosophie identisch mit Naturwissenschaft, und *Moralphilosophie einerseits praktische Philosophie, andererseits das, was wir heute ‚Geistes- und Sozialwissenschaften' nennen.* (Ballestrem, 57)

Es ist ziemlich mutig, wenn Felber die Tatsache einer nach seiner Meinung nicht dokumentierten Methode zum Anlass nimmt festzustellen, dass ein fundamentaler Eckpfeiler der ökonomischen Wissenschaft eine pure Behauptung sei. Eine Behauptung die von der großen Mehrheit der Ökonomen geglaubt werde und deshalb seit 250 Jahren Kapitalismus und Marktwirtschaft zum weltweit dominanten Wirtschaftsmodell gemacht habe (Felber, 27).

Möglicherweise handelt es sich hier um zwei unterschiedliche Ansatzpunkte. Während in der Regel Ökonomen den Markt in seiner Eigenschaft als optimale Versorgungs-Institution untersuchen – und nichts anderes – will Felber versuchen, uns davon zu überzeugen, dass der Markt nicht so wichtig sei und dass durch wesentlich wichtigere Werte (d. h. also nicht produktivere, sondern höhergewichtete) wünschenswerte Effekte zusätzlich erzielt werden können, wenn alle sich in erster Linie für das Gemeinwohl engagierten – ihr Leben also ehrenamtlich dem Gemeinwohl der Gesellschaft widmeten.

Hier könnte man Felber ebenfalls daran erinnern, dass seine Konzeption auf Behauptungen über menschliches Verhalten basiert, welche nicht den ganzen Menschen erfassen, sondern lediglich von ihm angestrebtes gruppeninternes Verhalten, was aber als solches nicht unbedingt den Mechanismus der Marktwirtschaft betrifft. Die Marktwirtschaft funktioniert unabhängig davon, ob ein Produkt von Gruppen im Konkurrenzverfahren oder auf Kooperationsbasis hergestellt worden ist.

Man hätte eigentlich erwarten sollen, dass Felber sich etwas ausführlicher mit Adam Smith beschäftigt, wenn er die letzten 250 Jahre als großen ökonomischen Irrtum bezeichnet. Schließlich hat Smith nicht nur den am häufigsten zitierten Satz über das *Wohl aller durch das Interesse des Einzelnen* (Smith, 1776 in seinem Buch über die *Wealth of Nations,* im Folgenden bezeichnet als *Welfare)* verfasst, der weiter unten noch näher betrachtet wird. Felber könnte seine helle Freude daran haben, dass Smith in seiner *Theory of Moral Sentiments* (Smith 1759, im Folgenden bezeichnet als *TMS*) nicht nur die Würde des Menschen und die moralische Verantwortung für andere, sondern auch die

Tugenden und als wichtigste die Gerechtigkeit als alles umfassende Tugend untersucht und beschrieben hat. Es geht dabei immer um den Respekt für den Mitmenschen.

Auch wenn *Welfare* erst 17 Jahre nach *TMS* gedruckt wurde, war das gesamte ökonomische Konzept schon zur Zeit des Erscheinens des ersten Buches *TMS* existent, wie eine später gefundene Vorlesungsserie von Smith *Lectures on Justice* der Jahre 1762/3 dokumentierte (im Folgenden als *Lectures* bezeichnet).

Es handelt sich also zwischen den beiden Büchern nicht um einen Entwicklungsprozess, sondern um eine Betrachtung der menschlichen Verhaltensweisen unter verschiedenen Aspekten. Der Historiker Jürgen Overhoff beruft sich auf August Oncken (1844–1911) der davon ausging, dass Smith zwei nebeneinander bestehende Grundtriebe des Menschen beschrieben habe, und dass „je nach der betreffenden Handlungssphäre bald das eine, bald das andere Hauptmotiv im Vordergrund stehe und die betreffende Richtschnur abzugeben habe." (Overhoff, 185). Während im Familienbereich die „Selbstliebe" vorrangig sei, solle in anderen Handlungssphären das Prinzip der ökonomischen Kommunikation angewendet werden.

3. Konkurrenz bei Smith

Felber kommentiert Smith wie folgt: „Der ‚Imperativ', dass wir in der Wirtschaft einander konkurrenzieren und nach größtmöglichem persönlichem Finanzgewinn streben (= uns egoistisch verhalten) sollen, rührt aus der – eigentlich zutiefst paradoxen – Hoffnung, dass sich das Wohl Aller aus dem egoistischen Verhalten der Einzelnen ergäbe." (Felber, 22).

Der Politik- und Sozialwissenschaftler Karl Graf Ballestrem (1939–2007) hat in seinem Buch „Adam Smith" dessen politisches und ökonomisches Denken untersucht und zusammengeführt. Er gibt das obige Zitat in voller Länge wieder, weil es dann eher Zugang zu dem Kontext gibt. Der besagte Satz heißt: „Nicht vom Wohlwollen des Metzgers, Brauers und Bäckers erwarten wir das, was wir zum Essen brauchen, sondern davon, dass sie ihr eigenes Interesse wahrnehmen. Wir wenden uns nicht an ihre Menschen-, sondern an ihre Eigenliebe, und wir erwähnen nicht die eigenen Bedürfnisse, sondern sprechen von ihrem Vorteil." (Ballestrem, 144) Dabei wird eher deutlich, dass Smith hier nicht den Egoismus beschreibt, sondern eine „natürliche Neigung des Menschen, zu handeln und Dinge gegeneinander zu tauschen als eine Eigenschaft, die allen Menschen gemeinsam" ist und die das menschliche Handeln in der Gesellschaft nachhaltig und ganz entscheidend prägt (Overhoff, 181).

Es handelt sich um das ständige Bedürfnis, die Dinge und Dienstleistungen, die nur mit Hilfe des spezifischen Könnens Anderer entstehen oder erbracht werden, von diesen durch einen Tausch zu realisieren. Das gelingt nach Smith einfacher, wenn beide Seiten sich Fertigkeiten aneignen, etwas anbieten zu können, was andere Menschen interessiert. Denn man kann von niemandem erwarten, dass dieser die Dienste oder Waren aus Wohlwollen abgibt. „Jeder, der von einem anderen irgendetwas zu erlangen trachtet, schlägt demzufolge einen Tausch vor: „Gib mir, was ich wünsche, und du bekommst, was du wünschst." Auf diese Weise „erhalten wir nahezu alle guten Dienste, auf die wir angewiesen sind." (Overhoff, 182).

Wegen des Eigeninteresses der wirtschaftenden Menschen wenden wir uns bei einem anstehenden Tauschgeschäft auch nicht an ihre Nächstenliebe, sondern an ihre Eigenliebe. Eigeninteresse und Eigenliebe, wesentliche Kennzeichen der menschlichen Natur, verleihen den zwischenmenschlichen Beziehungen und Handlungen ihre eigene Dynamik." (Overhoff, 182).

Wir wollen nicht wie ein Bettler ohne Gegenleistung um Nahrung bitten, sondern offerieren unsererseits einen Gegenwert – oder auch die eigene Arbeitskraft – um dem Partner in dem Bewusstsein gegenüber zu stehen, ihm etwas bieten zu können, was ihn interessiert. Für Smith gehört es zur Würde einer Person, selbst für sich sorgen zu können und für andere auf irgendeine Weise interessant zu sein.

Ballestrem fragte sich, ob es bei Smith im *Welfare* ein ähnliches Grundprinzip gebe wie es die Sympathie in *TMS* darstelle. Ein solches Prinzip sieht er bei Smith in der natürlichen Neigung der Menschen *Handel zu treiben, zu verhandeln und eine Sache gegen eine andere zu tauschen.* Das steht zwar nicht im Gegensatz zur Annahme von Egoismus, betont aber einen anderen Aspekt. In den *Lectures* vertritt Smith die These, dass Tauschen mit Überzeugen zu tun hat. *Jemandem einen Schilling anzubieten, sei in Wirklichkeit ein Argument, um ihn zu überzeugen, das oder jenes zu tun, weil es in seinem Interesse liege.*

Ballestrem fährt fort: „Das Prinzip, mit dessen Hilfe Smith die Welt der Nationalökonomie erklären will, ist ein Prinzip der Kommunikation, das die Fähigkeit impliziert, sich in andere zu versetzen, ihre Interessen mit den eigenen abzustimmen und Einverständnis herbeizuführen. Ebenso wenig wie die von ihm beschriebene Sympathie ist es ein altruistisches Prinzip, aber genau so wie die Sympathie ist es ein Prinzip der interessengeleiteten Kommunikation. Wer Smiths Analyse des freien

Marktes auf die Elemente Egoismus und Konkurrenz reduziert, vernachlässigt das Erklärungsprinzip, von dem Smith selber ausgeht: das Handels- und Tauschprinzip. Nicht Egoismus und Konkurrenz sind die wesentlichen Elemente seiner Analyse des freien Marktes, sondern Kommunikation und Konkurrenz." (Ballestrem, 145 f.).

Smiths Kritik an der Nationalökonomie betraf seinerzeit schon die Unvollkommenheit des Systems der Kommunikation. Er sah, dass die Freiheit der Kommunikation und damit das Recht, andere von seiner Arbeit oder seiner Ware zu überzeugen, durch einzelne Gruppen – vor allem Kaufleute und Unternehmer – eingeschränkt wurde, indem sie Preisabsprachen trafen und sich erfolgreich bemühten, freie Konkurrenz zu vermeiden durch Importverbote und andere Maßnahmen und auf diese Weise zu Unrecht der Bevölkerung Schaden zufügten.

Im Prinzip hat sich seit Adam Smith nicht viel verändert. Für ihn ist „die Absicht der privaten Nutzensteigerung, ein starkes Motiv, mit dem man in allen Bereichen des Lebens, besonders aber im wirtschaftlichen, zu rechnen hat. Das wesentlich größere Grundproblem von Moral und Politik sieht er in der Parteilichkeit, in der systematischen Überschätzung und Bevorzugung der eigenen

Gruppe. Denn wer sich mit der eigenen Gruppe identifiziert, tendiert dazu, die Rechte anderer zu verletzen und dabei auch noch ein gutes Gewissen zu haben, weil er das eigene Interesse einem höheren – nämlich dem seiner Gruppe – untergeordnet hat. Die Lösung dieses Problems besteht nicht darin, den Egoismus und Partikularismus zu überwinden, sondern durch den von allen Gruppenvorteilen und Privilegien befreiten Markt annähernd gleiche Regeln für alle herzustellen und durchzusetzen." (Ballestrem, 149 f.)

4. Gerechtigkeit und Tugend bei Smith

Es handelt sich also nicht um eine häufig als kritische Erklärung formulierte systemimmanente Schwäche des Marktes, sondern um die gesellschaftsimmanente Schwäche seiner Mitglieder, die Smith hier anspricht, und um deren permanente Bestrebung nach marktverfälschenden Vorteilen für sich und die mit ihnen verbundenen Gruppen.

Zum Schutz des Systems der natürlichen Freiheit ist eine politische Rahmenordnung erforderlich, durch welche erst sichergestellt werden kann, dass die natürliche Freiheit im Rahmen der Ordnung ihre das Gemeinwohl fördernde Wirkung erzeugen kann.

Ruf nach dem Staat

Also muss der Staat diesbezüglich sicherstellen:

1) Schutz der Gesellschaft vor äußeren Gewalteinwirkungen jedweder Art,
2) durch ein zuverlässiges Justizwesen für jedes einzelne Mitglied der Gesellschaft Schutz vor Ungerechtigkeit und Unterdrückung durch andere Mitbürger,
3) die Pflicht, Aufgaben zu übernehmen und durchzuführen, die von einzelnen oder kleinen Gruppen nicht durchgeführt werden können oder sollen.

Daraus wird laut Ballestrem (150 f.) Folgendes ersichtlich:

1) *Die Vorstellung einer allgemeinen Harmonie der Interessen ist Smith fremd. Er geht davon aus, dass Gesellschaften ebenso wie Individuen im Konflikt miteinander leben und durch die Autorität des Staates voreinander geschützt werden müssen.*
2) *Nur im Rahmen des liberalen Rechtsstaates kann individuelle Freiheit erst sozialen Nutzen, kann egoistisch motiviertes Handeln Gemeinwohl erzeugen.*
3) *Das Gemeinwohl stellt sich auch im liberalen Rechtsstaat nicht von alleine her. Die „unsichtbare Hand" ist kein Automatismus, der immer und überall private Laster in öffentlichen Nutzen verwandelt. Der Staat muss dafür sorgen, dass der freie Markt keine schädlichen Folgen für das Land hat.*

Gerechtigkeit ist also bei Smith das wichtigste Prinzip einer Gesellschaft. Smith unterscheidet in *TMS* drei verschiedene Arten von Gerechtigkeit (Luterbach-Maineri, 184 f.):

- Die erste ist die kommutative Gerechtigkeit, sie stellt sich dar als ein Sich-Enthalten von der Schädigung einer Person oder ihrem Ruf. Diese Art der Gerechtigkeit ist nach Smiths Meinung mit Zwang durchsetzbar und auch bestrafbar.
- Die zweite Kategorie der Gerechtigkeit sieht Smith in der distributiven Gerechtigkeit. In dieser Bedeutung umfasst Gerechtigkeit alle sozialen Tugenden. Ungerecht im distributiven Sinne handelt jemand, wenn er dem anderen nicht die verdiente Achtung und Wertschätzung entgegenbringt.
- Die dritte Kategorie ist ähnlich der zweiten, umfasst aber zusätzlich die Gerechtigkeit, die sich ergibt durch die Beurteilung eines „unparteiischen Zuschauers", das heißt einer imaginären Person, der man unterstellt, einen Sachverhalt emotionsloser und erfahrener beurteilen zu können als man selbst.

Der Differenzierung der kommutativen und der distributiven Gerechtigkeit entspricht auch die Abgrenzung der Tugend der Gerechtigkeit von der Wohltätigkeit. Zur Wohltätigkeit kann niemand gezwungen werden, Gerechtigkeit berechtigt bei Verletzung zu Gewalt. Sie ist für Smith eine soziale Tugend, die sich von anderen Tugenden durch ihren Verpflichtungscharakter unterscheidet. Entsprechend der Verpflichtung hat die Gerechtigkeit selbst auch einen wichtigen Effekt, nämlich die Erhaltung der Gesellschaft (Luterbach-Maineri, 185 f.).

Smith beschreibt die Wirkung der Gerechtigkeit und der Wohltätigkeit folgendermaßen: „Die Sorge um die Glückseligkeit der anderen ist die Sache der Tugend der Gerechtigkeit, indem die Glückseligkeit des anderen nicht verletzt wird. Dieselbe Sorge ist aber auch Sache der Wohltätigkeit, indem sie die Glückseligkeit des anderen aktiv fördert." (Luterbach-Maineri, 186)

Ballestrem (72) formuliert die Gedanken von Adam Smith zu den natürlichen Trieben des Menschen wie folgt: Es fällt nicht immer leicht, gerecht zu sein und anderen keinen Schaden zuzufügen. „Um gerecht zu sein, darf der Mensch seinem natürlichen Trieb, sich selbst zu bevorzugen und zu überschätzen, nicht nachgeben. Er muss sich beherrschen lernen und er tut es, um die Sympathie der anderen zu gewinnen. (...) Nachdem aber jeder Mensch diesen Trieb von sich selbst kennt, wird er ihm in Maßen auch bei anderen zustimmen, ja, es ganz natürlich finden, dass jedem weit mehr an dem liegt, was ihn unmittelbar betrifft, als an dem, was einen anderen angeht".

Derartige Gerechtigkeitsvorstellungen entsprechen durchaus dem Konzept der Grundlage einer Gemeinwohl-Ökonomie. Es wäre deshalb von Vorteil, dass die Gemeinwohl-Bewegung auch die *TMS* von Adam Smith in ihre Erwägungen mit einbeziehen würde.

Smith legt in der *TMS* großen Wert auf die Beobachtung des Begriffes *Tugend.* Tugendhaft handelt man, wenn man die Pflichten der Tugend beachtet, also Rücksicht nimmt auf die allgemeinen Verhaltensregeln. Damit die eigene Neigung des Menschen ihn nicht zu weit von den Tugenden abbringt, braucht es zur erfolgreichen Pflichterfüllung nicht nur die bloße Kenntnis der allgemeinen Regeln, sondern auch einen gewissen Grad an Selbstbeherrschung. Die Tugend der Selbstbeherrschung und die anderen Tugenden bedingen also einander, weil die Abweichung vom *Pfad der Tugend* durch die Tugend der Selbstbeherrschung erschwert wird.

5. Sympathie bei Smith

Es sind viele Bücher geschrieben worden zu dem vermeintlichen Widerspruch zwischen Adam Smith als Moralphilosoph und Adam Smith als Wirtschaftswissenschaftler. Man warf ihm vor, dass er auf der einen Seite in der Natur des Menschen die soziale Veranlagung anerkannte, auf der anderen Seite aber dem Egoismus des Einzelnen große Chancen einräumt bei der Form wirtschaftlicher Gegebenheiten. Smith selber hat aber die Erklärung dafür geliefert, dass beides zusammen passt und die Originalität seiner Theorie auf dem Prinzip der „Sympathie" gegründet.

„Man mag den Menschen für noch so egoistisch halten, es gehören doch offensichtlich gewisse Prinzipien zu seiner Natur, die ihn am Schicksal anderer Anteil nehmen lassen und ihm deren Glück zum Bedürfnis machen, auch wenn er keinen anderen Vorteil daraus zieht als das Vergnügen, es zu sehen." (Ballestrem, 63).

Unter Sympathie versteht Smith jede Art von Teilnahme eines Menschen an den Gefühlen anderer Menschen. Diese Fähigkeit des Perspektivwechsels würde heutzutage eher mit dem Begriff der *Empathie* assoziiert, weil im Alltagsgebrauch die *Sympathie* eher mit der Konnotation *sich mögen* besetzt ist. Als Beispiel nennt er, dass ein lachendes Gesicht bei uns ein Lächeln auslöst, und die Gefahr eines Seiltänzers sich am Gesichtsausdruck des Zuschauers ablesen lasse. Es handelt sich dabei jedoch nicht um eine direkte Übertragung der Gefühle, sondern das Mitgefühl entsteht mit Hilfe der Imagination. Er beschreibt die Imagination wie folgt: Ich stelle mir nicht vor,, was ich (...) erdulden würde, wenn ich einen Sohn hätte und dieser unglückseligerweise stürbe, sondern ich überlege, was ich erdulden würde, wenn ich wirklich du wäre, und ich tausche nicht nur meine Verhältnisse mit den deinen, sondern ich tausche auch die Person und die Rolle mit dir. Ich empfinde darum meinen Kummer durchaus nur um deinetwillen, nicht im Mindesten um meinetwillen.“ (Strub, 421).

Wenn wir feststellen, dass wir genau so reagieren würden, so besteht vollkommene Sympathie. Stellen wir hingegen fest, dass der andere zu schwach oder übertrieben reagiert, reduziert sich das Maß unseres Mitgefühls.

Das einzige Beurteilungskriterium, das dem Beobachter zur Verfügung steht, ist allerdings lediglich sein eigener Erfahrungsschatz. Dieser wird ergänzt durch selbstbezogene Gefühle und Werturteile, die auf gleiche Weise wie unsere auf andere Menschen bezogenen Gefühle und Urteile entstehen, nämlich mit Hilfe der Sympathie. „Wir versetzen uns im Geist in die Perspektive eines Zuschauers und überlegen, ob dieser mit uns sympathisieren könnte. „Wir bemühen uns, unser Verhalten so zu prüfen, wie es nach unserer Vorstellung irgendein fairer und unparteiischer Zuschauer prüfen würde". Weil wir auf die Zustimmung anderer Wert legen, sind wir bereit, uns gleichsam in zwei Personen zu teilen, einen Richter und einen Angeklagten, und den Urteilsspruch des vorgestellten Richters zu akzeptieren." Smith ist überzeugt, „dass das Selbstbewusstsein insgesamt von der Erfahrung mit anderen Subjekten abhängt. Ein Mensch, der nicht in Gesellschaft lebte, hätte kein Bewusstsein seiner selbst. Erst im Spiegel der anderen wird er seiner selbst gewahr. Das gilt auch für das moralische Selbstbewusstsein: Zunächst urteilen wir über andere, dann bemerken wir, dass andere ebenso über uns urteilen. Wir vergleichen ihr Bild von uns mit dem, das wir selbst von uns haben. Wir stellen uns vor, die Zuschauer unseres eigenen Verhaltens zu sein und versuchen uns auszumalen, welche Wirkung es in diesem Licht auf uns ausüben würde. Dies ist der einzige Spiegel, der es uns ermöglicht, die Richtigkeit unseres eigenen Verhaltens einigermaßen mit den Augen anderer Leute zu untersuchen (Ballestrem, 75).

„Der Mensch versetzt sich selbst in die Position eines Betrachters, der in ihm auf eine Unterredung wartet, und kann nur so, als Kronzeuge vor dem

Richterstuhl seines sozialen Gewissens, sich selbst und andere einschätzen und lenken.“ (Barnert, 90)

Das unabhängige Gewissen, das anzustreben ist, ist leider häufig dem Risiko der Selbsttäuschung und des Selbstbetruges ausgesetzt. Wenn wir Entscheidungen treffen, lassen wir uns häufig durch die Täuschungen der Selbstliebe vom Pfad der Tugend abbringen. Ebenfalls verliert das Gewissen in vielen Fällen an Bedeutung, wenn keine Strafe zu befürchten ist. Wo in einer Gesellschaft objektive Richter fehlen, weil die Ordnung zusammengebrochen ist, machen sich Parteigeist und Fanatismus breit, die größten Feinde eines unabhängigen Gewissens.

Zur Gewissensbildung bedarf es bei Smith der neutralen Instanz des *eingebildeten Dritten*. „Der erste Schritt, um diese moralische Perspektive zu erreichen, besteht darin, uns selbst zu relativieren, zu begreifen, dass wir nur einer unter vielen sind. Der zweite Schritt ist eine Aufgabe für das ganze Leben: unsere Sensibilität für das Glück und Leid anderer Menschen zu erhöhen, für unser eigenes Glück und Leid herabzustimmen, also die Tugenden der Menschlichkeit und der Selbstbeherrschung zu entwickeln.“ (Ballestrem, 78). Der Prozess der Gewissensbildung ist dabei mit dem Erlernen der Selbstbeherrschung unter allen Widrigkeiten des Lebens gleichzusetzen.

IV. Annahmen auf dem Weg zum Ziel

1. Kooperation oder Konkurrenz?

Der Ausflug in die Smith'sche Gedankenwelt war erforderlich, um zu verhindern, dass es aufgrund einiger ungenau erfasster Tatbestände zu einer falschen Interpretation und zu einer unrealistischen Einschätzung der Voraussetzungen des Gemeinwohl-Ökonomie-Konzeptes kommt.

Wenn der von Felber mehrfach an wichtigen Stellen erwähnte Alfie Kohn in seinen zitierten Untersuchungen zum Gruppenverhalten zu dem Ergebnis kommt, dass unter bestimmten Voraussetzungen in kleineren Gruppen Kooperation fruchtbarer sein kann als Konkurrenz zwischen den Beteiligten, dann ist das unter den gegebenen Parametern der jeweiligen Studien einleuchtend. Wenn er die Erkenntnisse, die in den Studien gewonnen wurden, auf die gesamte Wirtschaft eines Landes überträgt, erscheint das wissenschaftlich bedenklich, besonders dann, wenn er diese Erkenntnis dazu benutzt, eine ganze Wirtschaftsform seit Adam Smith in Frage zu stellen. Die Darstellung von Kohn hat Felber wahrscheinlich in seiner Überzeugung einer falschen Wirtschaftssystematik bei Smith bestätigt. Kohn beschreibt unter anderem eine Meta-Analyse von David und Robert Johnson (Kohn, 47 f.) aus dem Jahre 1981, in welcher 122 Studien aus den Jahren 1924–1980 untersucht und verglichen wurden, die sich mit wettbewerblichen, kooperierenden und/oder individualistischen Strukturen befasst hatten. Neben den einfachen Ergebnissen, bei denen die Kooperation wesentlich besser oder nicht schlechter abschnitt als in Konkurrenzsituationen, wurden auch spezielle Zusatzuntersuchungen angestellt. Dabei zeigte sich Folgendes:

- Kooperation ist effektiver, wenn es sich um kleine Gruppen handelt,
- sie ist wirkungsvoller, wenn es sich um anspruchsvolle und komplexe Aufgaben handelt,
- sie ist der Konkurrenz nicht überlegen, wenn die Aufgaben einfach sind und keine Interdependenz erforderlich ist.
- einige der älteren Studien bauten ihre Untersuchung so auf, dass die Personen in einer Gruppe kooperierten, die Gruppe aber weiterhin mit anderen Gruppen in Konkurrenz stand. Die Frage, ob eine Gruppenkooperation sich intensiviert bei bestehender Konkurrenz der Gruppen untereinander, wird von Kohn verneint. Er belegt diese Feststellung mit einer Studie von Emmy Pepitone (1924–2001) aus dem Jahre 1980 (Kohn, 49). Diese habe als Ergebnis dokumentieren können, dass Studenten bei einer

intragroup-cooperation-/intergroup-competition-Situation sich so benehmen, als wären die anderen Gruppen nicht existent.

Beim Bemühen, die Vorteile der Kooperation ebenfalls in der Wirtschaft zu prüfen, stieß er auf Studien, die Dean Tjosvold und Simon Fraser von der Universität in British Columbia in verschiedenen Unternehmen durchgeführt hatten mit der Erkenntnis, dass Kooperation die Beteiligten mehr motiviert als Konkurrenz.

Kohn beruft sich weiter auf die Untersuchungen und Erfahrungen von William Edwards Deming (1900–1993), Physiker, Statistiker und Pionier im Bereich des Qualitätsmanagements. Als dieser 1950 von General MacArthur als Statistiker und Qualitätsmanager nach Japan geholt wurde, fiel sein Wirken auf fruchtbaren Boden. 1951 wurde zum ersten Mal ein japanisches Unternehmen für besonders hohe Qualität in der Produktion ausgezeichnet mit dem sogenannten Deming-Preis. Bei Wikipedia kann man nachlesen, dass auch im Toyota-Produktionssystem die Ideen von Deming starken Einfluss gehabt haben. In den USA selbst wurde man auf die Ideen von Deming allerdings erst durch eine TV-Dokumentation im Jahre 1980 aufmerksam – zu einer Zeit also, als die amerikanischen Konsumgüterindustrie in vielen Bereichen schon von der japanischen Konkurrenz aufgrund besserer Qualität förmlich überrollt worden waren.

Gerade der Erfolg von Toyota hat in Europa die Unternehmen, wenn schon nicht überzeugt, so doch zumindest mit der Tatsache konfrontiert, dass Kooperation, in der richtigen Weise angewandt, den Erfolg, die Wertschätzung und Zufriedenheit am Arbeitsplatz wesentlich vergrößern kann.

Deming hat eine nach ihm benannte Reaktionskette konzipiert, in der die neue Auffassung von Arbeit in der Produktion sehr deutlich sichtbar wird. Ich erlaube mir, sie ebenfalls nach Wikipedia zu zitieren. Bei dieser Reaktionskette geht es Stufe-um-Stufe nur um Fakten, nicht um Image-Fragen, die erst später dem Qualitätsmanagementbegriff zugeordnet wurden.

Die Stufen, die aufeinander aufbauen, sind wie folgt:

1) Qualitätsverbesserung – dadurch
2) Produktverbesserung – dadurch
3) Kostenreduktion bei der Herstellung des Produktes – dadurch
4) Preisreduktion – dadurch
5) Steigerung des Marktanteils – dadurch
6) Sicherung der Position des Unternehmens – dadurch

7) Sicherung der Arbeitsplätze – und letztlich
8) Sicherung des Gewinns.

Die Prinzipien, die als sinnvolle Voraussetzung für den Einstieg in die Reaktionskette gegeben sein sollten, sind:

- Jeder Mitarbeiter steht in seinem Aufgabengebiet für Qualität.
- Es gibt niemanden, der nicht mit Qualität zu tun hat.
- Qualität ist Technik und Geisteshaltung.

Es handelt sich bei Kohn und Deming eindeutig um die Situation in einer Gruppe, die zur Erreichung eines vorgegebenen Zieles beide Methoden – sowohl Konkurrenz als auch Kooperation – einsetzen könnte. Es sollte hier festgehalten werden, dass beide Methoden das gleiche Ziel haben, nämlich gemäß Demings Reaktionskette letzten Endes den Gewinn zu vergrößern. Dies geht bei seinen Beispielen der Kooperation einher mit einem höheren Grad an Zufriedenheit derer, die am Produktionsprozess kooperativ mitgewirkt haben.

Bis zu diesem Zeitpunkt – der Fertigstellung des Produktes – ist der Markt für dieses Produkt noch völlig außerhalb, abgesehen natürlich von vorbereitenden Maßnahmen und dem Produktionsprozess selber, bei welchem das Unternehmen gegebenenfalls am Markt tätig wird, um Komponenten für die Fertigstellung des Produktes zu erwerben. Erst das fertige Produkt wird dem Markt angeboten in der Hoffnung, dass es auf das konkrete Interesse der Käufer trifft. Die Hoffnung bezieht sich auf zweierlei. Als Erstes hofft man, ein besseres Produkt anzubieten als andere Wettbewerber, zum zweiten weiß man aber auch, dass unabhängig von der direkten Konkurrenz viele andere Artikel um die Gunst des Käufers wetteifern.

Am Markt geht es um eine völlig andere Situation als bei der gemeinsamen Tätigkeit zur Herstellung eines Produktes. Der Markt steht unter dem Urteil des Käufers. Das ist in der reinen Form der Marktwirtschaft auch so vorgesehen. Es macht dabei keinen Unterschied, ob das Unternehmen andere Unternehmen *gefressen* hat, wie Felber es ausdrückt, oder ob es sich um globale Unternehmen oder Startups handelt. Der Markt bewertet nur das Produkt. Er berücksichtigt in erster Linie Preis und Qualität, wobei Qualität gemessen wird nach dem unterschiedlichen subjektiven Anspruch des Kunden; Markenprodukte sind teurer, aber bieten ihm vielleicht mehr Prestige; biologisch erzeugte Ware könnte ihn im Hinblick auf gesunde Ernährung dazu bringen, mehr zu bezahlen; der Made-in-China-Effekt macht zwar skeptisch, aber wenn der Preis niedrig genug ist, ist man vielleicht doch bereit, den Kauf zu riskieren. Die Entscheidung hängt von der unterschiedlichen Gewichtung der Befriedigungselemente des Individuums ab.

Solange es genügend Ware gibt, konkurrieren Käufer nicht miteinander. Stellen sie fest, dass es von einem Artikel oder einer Artikelgruppe zu wenig gibt, sie das Produkt aber trotzdem haben wollen, dann bieten sie einen höheren Preis, in der Hoffnung, damit das Gewünschte zu erreichen. Wie vorher schon beschrieben setzt der Käufer damit einen Prozess in Gang, der über nachfolgende Mehrproduktion seitens der Anbieter den Preis wieder auf ein Niveau senkt, bei welchem Angebot und Nachfrage ausgeglichen sind.

Es ist schwer einzusehen, dass das gruppeninterne kooperative Verhalten 1 : 1 übertragen werden könnte auf den Mechanismus einer Marktwirtschaft. Auch im System von Felber, in welchem die Produkte einen Gemeinwohl-Mehrwert erfahren, entscheidet jeder einzelne Käufer, ob er bereit ist, für diese – den anderen Gruppen mehr Glück spendende – Ware mehr Geld zu bezahlen. Felber sieht diese Problematik und will den Preis der Gemeinwohl-Ökonomie-Produkte je nach Mehrwert durch Zuschüsse diverser Art auf ein attraktives Niveau senken.

Das bedeutet nichts anderes als dass er – wenn auch basierend auf den Entscheidungen geplanter Bürger-Kongresse – den freien Markt umformen will zu einem politisch gewollten Gemeinwohl-Verhalten. In gewisser Weise ähnelt das dem Verhalten aller Lobbygruppen, die mit Gemeinwohl-Argumenten ihre eigenen Interessen gegenüber der Politik zu kaschieren wissen und dadurch Marktbeeinflussung zu ihrem Vorteil bewirken. Marktvorteil bedeutet, dass sie von einer Veränderung der Marktkonditionen mehr Gewinn und/oder mehr Umsatz erwarten können. Falls die Kunden die Gemeinwohl-Ware nicht höher schätzen als andere Ware, muss eine marktfremde Finanzierungsquelle – hier Steuergelder – eingesetzt werden, um die Gemeinwohl-Artikel trotzdem an den Mann zu bringen.

Das wird in sehr großem Maße der Fall sein, wenn festgestellt wird, dass der Mensch nicht von Natur aus die Bereitschaft mitbringt, sich zum ehrenamtlichen Diener des Gemeinwohls zu machen, weil ihm seine eigenen Interessen mindestens genauso nahestehen. Und er entscheidet selbst, ob es ihn zufriedener macht, andere Leute durch den Kauf eines Gemeinwohl-Produktes glücklicher zu machen durch Hinnahme eines zusätzlichen finanziellen Beitrags – sei es über einen höheren Produktpreis oder indirekt durch seine für die Subventionen eingesetzten Steuergelder. An dieser

Unterstellung der Gemeinwohl-Fähigkeit und -Willigkeit des Menschen hängt aber ein Teil des Gemeinwohl-Ökonomie-Konstrukts.

Sowenig wie man die Kooperationsfähigkeit einer Gruppe übertragen kann auf das Marktverhalten, genauso wenig kann man das intrafamiliäre Verhalten, bei welchem Liebe, Vertrauen, moralische Verpflichtung und genetischer Schutz eine wesentliche Rolle spielt, auf die Außenwelt übertragen.

Felber hat in seinem Buch die Argumente für seine Verhaltenskritik an der heutigen Wirtschaft festgemacht, an den negativen Auswüchsen des Marktes, an den Fehlern, die offensichtlich das ganze System erfasst haben. Es müsste deshalb in dieser Situation einleuchtend sein, dass man sich als Erstes darüber im Klaren ist, was bis heute von den diversen Interessengruppen alles bewerkstelligt wurde, um den Mechanismus der Marktwirtschaft zum Vorteil einzelner Gruppierungen zu manipulieren (Tacke, 72 ff.).

2. Wachstum – ein „Muss“ der Konkurrenzwirtschaft?

Wachstum wird bei Felber großenteils als Negativum dargestellt und – nicht nur bei ihm – durch den negativen Begriff des *Wachstumszwanges* positioniert.

Nehmen wir zuerst nur den Binnenmarkt einer Nation. In diesem existiert eine Gesamtmenge an Zahlungsmitteln bei der Summe der Käufer und dem entsprechend eine Warenmenge, die für den Markt zur Verfügung steht. Das benutzen die Käufer, um am Markt ihre optimale Befriedigung zu suchen. Nehmen wir den Fall, dass ein neuer Artikel auf den Markt kommt, der das Interesse vieler Käufer findet. In dem Fall entscheiden die Käufer darüber, ob sie einen Teil ihrer finanziellen Mittel in den Kauf des neuen Produktes stecken wollen Damit bleibt ihnen weniger Geld für bisher gekaufte Güter. Diese bleiben liegen und deren Produzenten stellen möglicherweise fest, dass sich die Produktion nicht mehr lohnt. Sie ändern dann ihr Programm oder beenden die Produktion. Es findet also in der Wirtschaft kein Wachstum insgesamt statt, sondern lediglich eine Verlagerung des Käuferinteresses von einem auf den anderen Artikel. Wo eine Firma wächst, verliert ein anderes Unternehmen entsprechende Marktanteile.

Es ist hier nicht sinnvoll, alle Wachstumstheorien heranzuziehen oder zu vergleichen. Es genügt, lediglich ein paar Motive herauszugreifen, die Wachstum befürworten. Jede zusätzliche technische Neuerung kann Arbeitsplätze frei setzen.

Politiker bemühen sich seit Jahrzehnten, durch Unterstützung und Initiieren von Investitionen – durch kreditausweitende Konjunkturprogramme, deren Wirkung zunehmend in Frage gestellt wird – den Verlust von Arbeitsplätzen zu kompensieren.

Gewerkschaften wollen regelmäßig einen positiven Beweis ihrer Tätigkeit vorweisen können durch Lohnerhöhungen.

Damit Unternehmen an steigende Tendenzen glauben, reguliert der Staat die Geldmenge so, dass jährlich eine Inflationsrate von 1–2 % ein Wachstum vorgaukelt, welches sie wegen offensichtlich optimistischer Zukunftserwartungen zu weiteren Investitionen motivieren soll.

Einige Wissenschaftler hegen die Hoffnung, dass der derzeitige Trend weg von der Produktionsgesellschaft hin zur Dienstleistungsgesellschaft, dazu noch bei sinkender Geburtenrate, die Arbeitslosigkeit als Problem für absehbare Zeit verbannt.

Eins sollte man sich allerdings vor Augen halten. Eine Wirtschaftsform, in welcher der Einzelne sich entwickeln kann, erhöht die Lust, die Entwicklungsmöglichkeit auch auszuprobieren. Der Erfolg sind Neuerungen, die zu einem Wachstum beitragen können. Eine von allen negativen Entwicklungen befreite Marktwirtschaft ist am ehesten in der Lage, durch die Neuerungen Wachstum zu erzeugen. Ob durch börsennotierte Unternehmen steigende Zahlen zum Zwang werden und das Management des Unternehmens sich gezwungen sieht, deshalb von Jahr zu Jahr „besser“ zu sein und bessere Zahlen zu liefern, mag ein Grund sein, von Wachstumsfetischismus zu sprechen. Erforderlich ist das nicht. Jeder Unternehmer versucht – so wie von Demings aufgezeigt – sein Unternehmen zu stabilisieren. Einigen gelingt es, andere Firmen schaffen es nicht und müssen aufgeben. Entscheidend ist, wieviel die Käufer mit Hilfe des gesamten ihnen zur Verfügung stehenden Geldbetrages kaufen können. Nimmt man die Außenbeziehungen eines Landes dazu, ergeben sich andere Situationen, je nachdem, ob man es mit einem Export- oder Importüberschuss zu tun hat. Die Veränderung der Geldmenge kann ebenfalls den Binnenmarkt beeinflussen. Aber wenn wir bei dem klassischen Binnenmarkt bleiben und der Markt frei wäre von verfälschenden Eingriffen, kann kein Unternehmen ein größeres Wachstum erreichen, als von den Käufern akzeptiert wird.

Wachstumszwang als solchen sollte man als Negativum nicht überbewerten. Je mehr die Firmen wachsen, umso eher stoßen sie an ihre geistigen und erfinderischen Kapazitätsgrenzen. Größe einer Firma sagt nichts aus über ihre Erneuerungs- und Erfindungskapazitäten. Im Gegenteil: Große

Firmen leiden eher unter Behäbigkeit ihrer großen Verwaltungen und in Folge einer sinkenden Innovationsdynamik. Speziell im Pharmabereich ist es deshalb üblich, kleinere Firmen mit einem vielversprechenden Produkt aufzukaufen. Man übernimmt die Umsatzmöglichkeiten der kleineren Firma und schafft dadurch Möglichkeiten, durch mehr Produkte und mehr Umsatz den gesamten Deckungsbeitrag der Kosten zu vergrößern. Die kleine Firma hat Entschädigung bekommen für ihre erfinderische Leistung. Sie verzichtet auf Umsatz und Produktionskosten. Solange sich durch die Größe keine monopolähnliche Situation ergibt, hat dieser Umstand, organisches Wachstum durch Zukäufe zu ersetzen, keinen wesentlichen Einfluss auf die Situation eines Käufers.

Felber (60 ff.) zitiert Kenneth Boulding (1910–1993), *der jeden Ökonom, der an unendliches exponentielles Wachstum glaube, für einen Idioten halte.* Ich kenne keinen Ökonomen, der diese Behauptung jemals gesagt oder geschrieben hätte. Insofern hat sich auch kein Ökonom über diese Beleidigung aufgeregt. Niemand spricht von exponentiellem Wachstum in der Wirtschaft. So, wie große Unternehmen durch neue kleine Unternehmen abgelöst werden, weil sie zu unbeweglich geworden sind, so wird die wirtschaftliche Welt sich immer wieder neuen Gebieten zuwenden. Ausschlaggebend ist der Markt. Wenn er etwas Neues akzeptiert, verschwindet das Alte. Und das Verschwinden ist genauso wenig eine Frage der Größe wie eine neue erfolgreiche Idee. Auch „unsterblich" erscheinende Firmen-Konglomerate verschwinden mit oder ohne Sang und Klang in dem Augenblick, in welchem neue Produkte von anderen Anbietern die Dinosaurier am Markt einfach wegschieben. Kodak, Perutz, Agfa – sie waren der Inbegriff grandioser Leistungen der Chemiebranche – einfach überflüssig geworden durch Digitalisierung, und Digicam ist das, was früher die Filmkamera war. IBM galt als der Thinktank der Welt, bis Steve Jobs in der Garage den „Mac" bastelte. AOL als Internet-Pionier stieg vor noch gar nicht so langer Zeit zum weltgrößten Medienkonzern auf – um dann einfach überflüssig und bedeutungslos zu werden (Tichy 2012). Jedes Unternehmen kann wachsen und weiterleben oder aufgrund falscher Offerten untergehen. Wachstum passiert nur im Rahmen der von der Umgebung – hier: dem Markt – akzeptierten Weise. Die Natur macht nichts anderes: Pflanzen sterben ab oder aus und werden durch neue Sorten ersetzt, wenn ihre Größe nicht mehr dem Optimum entspricht, welches ihrer eigenen Umwelt gerecht wird. Dinosaurier sterben aus, wenn sie in neuen Gegebenheiten nicht überleben können. Es bilden sich neue, angepasste Lebewesen. Schließlich sind wir als Menschen ja auch im

Rahmen eines derartigen Prozesses entstanden und sollten nicht davon überzeugt sein, dass wir mit unserer extrem kurzen Daseinszeit auf dieser Erde das Ende der genetischen Fahnenstange sein könnten.

3. Würde ist der höchste Wert

Der Erklärung zum höchsten Wert des Menschen, seiner Würde, ist zuzustimmen. Ebenfalls der Feststellung Felbers (23), dass aus dem gleichen Wert aller Menschen unsere Gleichheit in dem Sinne erwächst, dass in einer Demokratie alle Menschen die gleichen Freiheiten, Rechte und Chancen genießen sollten. Nur wenn das gegeben ist, können alle wirklich frei sein. Menschenwürde im alltäglichen Umgang ist dann gewahrt, wenn wir unser menschliches Gegenüber und seine Bedürfnisse, Gefühle und Meinungen so ernst nehmen wie die eigenen. Wir sollen Recht und Gerechtigkeit gegenüber Dritten so ausüben, wie es ein „unbeteiligter Dritter" im Smith'schen Sinne als richtig und angemessen ansehen würde.

Felber (23 ff.) schränkt ein, dass Vorteilsgewinn nicht das Ziel einer Begegnung sein dürfe. Ich nehme an, dass hier nicht ein Vorteilsgewinn, sondern eine *Übervorteilung (Jemanden übers Ohr hauen*) gemeint ist. Im Wirtschaftsleben mit oder ohne Smith setzt man sich zusammen und legt die gegenseitigen Argumente auf den Tisch. Beide Seiten sondieren, welche Argumente der anderen Seite wichtig sind und bei welchen Verhandlungsbereitschaft gegeben ist – schließlich sind beide an dem gleichen Geschäft interessiert. Aus dieser Situation versuchen dann die Parteien im gemeinsamen Interesse, das Optimum für beide zu finden. Die Tatsache, dass man in der Regel auch zukünftig in geschäftlichem Kontakt mit seinem Gegenüber bleiben möchte, ist schon Grund genug, die Würde des anderen nicht zu verletzen. Felber unterstellt ein Geschäftsgebaren, welches in keiner Weise typisch ist für das Verhalten von Geschäftspartnern. Wohl kann man feststellen, dass auf der Ebene B2C (business to consumer) eher ein derartiges Verhalten, wie von Felber beschrieben, anzutreffen ist. Der Grund liegt darin, dass die Parteien in diesem Marktsegment häufig keine persönliche Beziehung aufbauen. Der Verkäufer im Laden weiß, dass er die Kunden gut bedienen muss, weil er sie sonst verliert. Der Verkäufer im Supermarkt kann nur durch zuvorkommendes Verhalten seiner Mitarbeiter eine gewisse Kundentreue erreichen. Produzenten, deren persönliches Verhältnis zum Konsumenten überhaupt nicht existiert, sind eher in der Versuchung, bei ihrer Produktwerbung ein illusionäres Bild ihres Produktes zu bewerben, was beim Käufer so dosiert wird, dass die Kauflust größer bleibt als die anschließende Enttäuschung. Wer jedes Jahr erneut das strahlendste Weiß eines Waschmittels empfohlen bekommt, kauft es nur, weil er sicher sein will, wirklich das strahlendste Weiß zu kaufen und nicht das strahlendste Weiß von gestern. Er wird jedoch den Unterschied gegenüber dem letzten Jahr nicht feststellen können, also wird er auch nicht enttäuscht sein.

Oder wenn Kaffeeproduzenten dem Verbraucher ihren Pulverkaffee als „classic" empfehlen und einige Jahre bewerben, senken sie unmerklich die Qualität, damit sie einige Jahre später wieder eine neue Marke „super-classic" einführen können, die dann (anfangs) auch deutlich besser schmeckt als die mittlerweile qualitäts- und geschmacksreduzierte „classic"-Marke.

Das ist ein typisches Verhalten im unpersönlichen, „beziehungsleeren" Raum. Und derartige Verkaufslügen sind in einer Marktwirtschaft möglich, weil es der Industrie bis jetzt gelungen ist, bei den Politikern durchzusetzen, dass psychologisch unlautere oder falsche Produktdarstellungen trotz deutlicher Übervorteilung der Konsumenten nicht verboten wurden. Werbung muss den gewünschten Eindruck mit Information vermitteln, nicht mit Illusionen, denn dadurch wird die Entscheidungsfreiheit der Konsumenten irreführend beeinflusst. Durch nicht ordnungsgemäße Werbung verletzten die so agierenden Firmen die Würde der Konsumenten auf ganz breiter Basis. Wenn ein Fruchtsaftgetränk, welches bis 75 % Wasser und bis 150 g Zucker pro Liter Getränk plus Aromastoffe enthalten darf, als *Nektar* bezeichnet werden darf, kann man sich vorstellen, wie stark der Druck der entsprechenden Lobby-Organisation auf die Politik gewesen sein muss.

Die Rechtsprechung muss sich intensiver bemühen, in allen Sektoren ungleiche Verhandlungspositionen zwischen einem schwächeren und einem stärkeren Vertragsteil auszugleichen (z. B. durch Kündigungsschutz, Arbeitsrecht, Mindesteinkommen oder Monopolverbot). Diesbezügliche Gerechtigkeit kann nur durch klare gesetzliche Regulierung erreicht werden.

Es dürfte problematisch sein, das Machtgefälle zwischen den Menschen ausgleichen zu wollen durch Änderung der menschlichen Einstellung zu sich selbst und zu seinem Gegenüber und einer daraus resultierenden *neuen* Handlungsweise. Diese Wunschvorstellung lässt außer Acht, dass in jeder Situation – auch auf Wirtschafts- und Weltwirtschaftsbasis – die Grenzmoral entscheidet, also die Moral derjenigen, die moralisches Verhalten am wenigsten schätzen und praktizieren. Solange es in der internationalen Konkurrenz Anbieter gibt, die diese Ansprüche an die Menschenwürde in ihrem Land nicht erfüllen, hätten alle würdevollen Geschäftspartner das Nachsehen. Man müsste also zunächst einmal abwarten, bis alle Partner – von Asien über Afrika und Südamerika – sich von den Vorteilen einer gemeinwohlförderlichen Ökonomie überzeugt haben, bevor das Projekt überhaupt umgesetzt werden kann. Die von Felber geäußerte Vorstellung, dass man die Handelsbeziehung auf die Länder beschränken müsse, die sich zu einer Gemeinwohl-Ökonomie verpflichten, würde den Welthandel in einer Weise behindern, dass auf europäischer Basis keine Nation damit einverstanden sein könnte – speziell Deutschland würde einen Großteil seiner Exportmärkte verlieren. Das kann nicht wirklich Sinn einer neuen Wirtschaftsordnung sein.

Es dient nicht gerade objektiver Präsentation und es lässt bewusst die Würde gegenüber anderen Menschen vermissen, wenn Felber wiederholt Leute, die wirtschaftlich nicht seinen Ideen entsprechen, als Asoziale (22, 33, 39) bezeichnet, wohl wissend, das dieser Begriff höchst negativ besetzt ist. Man tut den allermeisten Firmen unseres Wirtschaftssystems Unrecht, wenn man ihnen vorwirft, dass ihr Hauptanliegen das Streben nach einem höheren

Gewinn als dem der Konkurrenz ist. Es ist eine falsche Gewichtung, wenn Felber es als „normal" ansieht, dass man Konkurrenten schaden oder ausschalten will. Das mag, wie dargestellt, bei börsennotierten Konzernen der Fall sein. Die Motivation dieser Fremdunternehmer hat aber mit dem Markt und seinem Mechanismus nicht viel zu tun. Es gehört in den Bereich „reparaturbedürftig", wenn jemand über Macht und fremdes Geld verfügen kann, ohne für die Konsequenzen seines Handelns zur Rechenschaft gezogen werden zu können. In dem Augenblick, in welchem der CEO und sein Management-Team nicht nur am Gewinn, sondern auch am Verlust in spürbarer Weise teilzunehmen hätten, gewänne die wirtschaftliche Betrachtung einer Übernahme die entscheidende Bedeutung und nicht mehr der persönliche Vorteil. Und damit würde in den meisten Fällen eine Übernahme nicht stattfinden. Felber sucht sich immer wieder die börsennotierten Unternehmen als Anschauungsmaterial heraus, die aber mengenmäßig nur einen geringen Teil der Unternehmen darstellen. Sie werden von angestellten Managern geführt, deren Ziel in keinem Fall identisch ist mit den Bestrebungen der meist familiengeführten Klein- und Mittelbetriebe. Das Institut für Mittelstandsforschung hat in einer Untersuchung festgestellt, dass mehr als 95 % aller deutschen Unternehmen Familienunternehmen sind, die mehr als 40 % aller

Unternehmensumsätze erwirtschaften und mehr als 57 % aller sozialversicherungspflichtigen Beschäftigungsverhältnisse stellen. Denen geht es in erster Linie darum, ihren Platz im Markt zu finden und sich dort zu behaupten. Gewinn fällt nur an, wenn der Markt über den Umsatz belegt, dass ihr Produkt den offerierten Preis wert ist. Die Konkurrenz dient in der Regel nur als Gradmesser, inwieweit sie besser aufgestellt ist als die eigene Firma. Anders bei den börsennotierten Unternehmen. Sie stehen unter öffentlichem Druck und werden anders bewertet als marktüblich. Bei ihnen spielt die „Erfolgsmessung in einem monetären Faktor" eine größere Rolle, und die *haftungsfreien* Manager streben deshalb nach ganz anderen Zielen als die privaten und mittelständischen Unternehmen. Es ist nicht ganz in Ordnung, die börsennotierten Unternehmen als typisch für die Marktwirtschaft darzustellen. Sie werden von der Finanzwirtschaft „getaktet", und die Hauptursache ihrer marktfernen Handlungsweise ist zum großen Teil hervorgerufen durch die marktverfälschenden und – manipulierenden Lobbyisten der Finanzwirtschaft in Verbindung mit dem fehlenden Haftungsprinzip für diejenigen Manager, die über bedeutende Summen von Fremdgeld zu bestimmen haben.

4. Vertrauen gegen Effizienz?

„Wenn wir auf dem Markt ständig befürchten müssen, von unseren Nächsten übervorteilt zu werden, sobald sie dazu in der Lage sind, wird noch etwas ganz Wesentliches systemisch zerstört: das Vertrauen.“ (Felber, 26) Wir wissen, dass Vertrauen nicht naturgegeben ist. Und doch ist es lt. Felber „das höchste soziale und kulturelle Gut, das wir kennen. Vertrauen ist das, was die Gesellschaft im Innersten zusammenhält.“ (Felber, 26) Auf natürliche Weise existiert es nur in der genetischen Familiengruppe. In jeder anderen Situation muss sich Vertrauen erst herstellen. Stehe ich einem fremden Menschen gegenüber, muss erst eine wie auch immer geartete Kommunikation stattfinden, bis ich im innersten zu der Überzeugung gelange, dass ich ihm vertrauen kann. Dazu können seine Mimik, sein Verhalten, das Urteil von Freunden, die Kenntnis seines Hintergrundes oder andere Gegebenheiten, beitragen, schneller die Vertrauensbasis zu erreichen. Andererseits kann ich einem anderen in begrenztem Maße vorab Vertrauen schenken, wenn ich zuversichtlich bin, dass ich im Enttäuschungsfall auch darauf vertrauen kann, durch rechtliche Maßnahmen einen möglichen Schaden beheben zu können. Ebenfalls könnte ich mich verlassen auf das moralisch höchste, was der Betroffene mir geben kann: sein Ehrenwort. Der häufige Missbrauch dieses hohen moralischen Kommunikations-Instituts hat jedoch die Vertrauenssicherheit stark gemindert. Trotz des gegebenen Ehrenworts muss ich mich vorsichtig verhalten, solange ich noch nicht sicher annehmen kann, dass mein Gegenüber diesem Begriff die gleiche Unbedingtheit zumisst, die ich selbst erwarte.

Solange es noch einen Teilnehmer im Markt geben kann, der uns übervorteilen will, müssen wir als Käufer auf der Hut sein. Vertrauen bildet sich außerhalb des genetischen Umfeldes nur durch Erfahrung, nicht durch Glauben. Es handelt sich bei Vertrauen und Effizienz nicht um Gegensätze, bei denen man entweder das eine oder das andere wählt. Es ist deshalb nicht angemessen, ein Postulat aufzustellen, bei dem nur das Vertrauen die Gesellschaft zusammenhält und nicht die Effizienz. Im Gegenteil, erst ein sogenanntes „gesundes" Misstrauen kann in unserem Zeitalter dazu führen, dass man bei entsprechend positiver Erfahrung Misstrauen ab- und Vertrauen aufbaut. Ob eine Gesellschaft, in welcher sich alle Menschen vollkommen vertrauen können, die höchste Lebensqualität beschert, ist eine rein hypothetische Frage. Das mag in einem kleinen Beziehungskreis noch möglich sein. Für größere Organisationen, in denen sich die Menschen fremd sind, wird sich diese Form des Zusammenlebens nicht durchsetzen (lassen) – zu groß ist das Risiko eines Vertrauensmissbrauchs.

Mit welchen Methoden will Felber die Menschheit umerziehen, um Diebstahl, Betrug und Erpressung so sicher auszuschalten, dass jeder sich darauf verlassen kann? Das Extrem, allen zu vertrauen, ist genauso unrealistisch wie das Gegenteil, nämlich niemandem zu vertrauen. Jeder braucht und trägt zu einem Umfeld bei, in welchem man Vertrauen gibt und genießt. Damit ist in puncto Vertrauen die höchste reale Lebensqualität erreicht.

V. Maßnahmen der Gemeinwohl-Ökonomie

1. Macht und Einkommen

Wenn man tatsächlich so weit gehen will, das Eigentum und das Einkommens-Volumen zu begrenzen, dann ist das dermaßen tiefgreifend, dass man auf eine Reihe von zusätzlichen Restriktionen, die in der Gemeinwohl-Ökonomie vorgesehen sind, nicht mehr benötigt, weil sie sich von selbst ergeben.

Es sollte festgestellt werden, dass nicht das Eigentum selbst das Problem ist, sondern die damit verbundene Möglichkeit zur Machtausübung. Das sollte man berücksichtigen, wenn man eine Begrenzung des privaten Eigentums fordert. Rein technisch dürfte es viel Zeit benötigen, um eine derartig fundamentale Maßnahme politisch durchsetzen zu können. Es wäre deshalb angebracht, nach anderen Methoden Ausschau zu halten, mit denen man, wenn schon nicht das Eigentum, so doch wenigstens in einer ersten wichtigen Stufe die Machtanhäufung und den eigentumsbedingten Machtmissbrauch reduzieren kann. Es ist auch durchaus möglich, in demokratischen Staaten große Einkommensunterschiede zu haben und trotzdem zufriedene Bürger, wie das Beispiel der skandinavischen Länder zeigt. Wenn es zum Verständnis der Gesellschaft geworden ist, dass *man* seinen Reichtum nicht zeigt, wirkt er nicht mehr provozierend.

a) Spekulation

Bankern oder Spekulanten, die nur noch das x-Fache des gesetzlichen Mindestlohnes verdienen dürfen, braucht man die Spekulation nicht mehr zu verbieten, sondern braucht nur noch die Haftungsbedingungen zu verstärken durch eine andere Eigenkapitalbasis. Die meisten Spekulanten würden das Interesse verlieren, wenn sie mit ihrem Eigentum für eventuelle Verluste haften müssten.

Die Spekulation als klassische Funktion muss jedoch erhalten bleiben. Es liegt zum Beispiel seit Jahrhunderten im vitalen Interesse der Landwirtschaft, dass die Bauern, die eher nicht zu Spekulationen neigen, bei der Aussaat im Frühjahr wissen, welchen Preis sie für ihre Produkte nach der Ernte im Herbst erhalten können. Für sie ist es eine Frage der Existenzsicherheit, dass jemand sich bereit erklärt, die Ware auf Termin zu einem festen Preis zu kaufen, ohne zu wissen, wie sich der Marktpreis bis zur Verfügbarkeit der Ware im Herbst entwickelt. Der Spekulant übernimmt das Risiko und nutzt die Zeit bis zum Herbst, um bei den sich täglich ändernden Zukunftserwartungen (z. B. durch anhaltend ungünstiges Klima oder überdurchschnittliche Ernteerwartung) an den unterschiedlichen Einschätzungen anderer Spekulanten zu verdienen, indem er den Kaufvertrag während der Laufzeit weiterverkaufen kann. Der Preis kann fallen oder in riesige Höhen steigen, am Verkaufsstichtag im Herbst muss derjenige, der den Vertrag in Händen hält, die Ware von dem Bauern physisch übernehmen und dem Bauern den im Frühjahr festgelegten Verkaufspreis zahlen. Es ist also nicht so, dass ein Spekulant die Rohstoffpreise verteuert, sondern der Preis passt sich während der Laufzeit eines Vertrages den täglichen Informationen und Einschätzungen an und spiegelt damit die jeweils aktuelle Marktsituation wider. Bei steigenden Preisen wird also nicht die Ware teurer, sondern das Papier, auf welchem bestätigt ist, dass man eine bestimmte Ware zu einem fixierten Termin und zu einem bestimmten Preis dafür erhält. Der Vertrag selbst, der jeder Spekulation zugrunde liegt, wird jedoch am Ende der Laufzeit zu dem am Anfang des Vertrages vereinbarten Konditionen ausgeführt.

Anders die Spekulation im Finanzsektor, bei welchem Fremdkapital unter Ausnutzung diverser Hebel eingesetzt wird, um auf Kurs- oder Preisänderungen zu setzen. Die Chancen in diesem

Bereich bei Spekulationen auf die Zukunft sind rechnerisch exakt bei 50 %, weil theoretisch zu jedem Zeitpunkt alle Analysten der Welt über alle Informationen verfügen, sie aber unterschiedlich interpretieren. Der entsprechende Tageskurs reflektiert die Summe aller Einschätzungen bestimmter Einflussfaktoren. Die Einschätzung kann sich am nächsten Tag schon ändern, da neue Infos zu neuer Einschätzung führen. Das kann gleichermaßen die Preise nach oben oder unten führen. Durch die ungemein starken Hebel, die dabei eingesetzt werden können, multiplizieren sich die Summen, die man verlieren oder gewinnen kann.

Wenn eine Bank gewinnt, behält sie das Geld. Verliert sie, rechnet sie damit, dass die Politiker sie schon retten werden – mit dem Steuergeld der Bürger. Der wichtigste Punkt und der Grund allen Übels ist die Tatsache, dass Risiko und Haftung auseinander fallen. Niemand übernimmt gerne Risiko, wenn er selber für das Ergebnis haften muss, weil es dem Eigennutz schaden könnte. Bei eigenem Haftungsrisiko werden folglich die *unvorsichtigen* Handlungen nicht mehr durchgeführt. Diese ganz einfache Reaktion sollte zur Selbstverständlichkeit werden in allen Fällen, wo jemand das Geld Dritter zu verwalten und auszugeben hat.

b) Fresskonkurrenz

Der Aufkauf und die feindliche Übernahme von Unternehmen reduziert sich in dem Augenblick *next to zero,* in welchem die Manager ihre persönliche Situation abhängig machen müssen von Erfolg oder Misserfolg der Übernahme. In der Gemeinwohl-Ökonomie nehmen begrenzte Einkommensvolumen ihm weiterhin das Interesse, weil er in der Regel sein Vermögen nicht mehr vergrößern kann. Es kann ihm lediglich einen Prestigezuwachs bringen. In einer Wirtschaftswelt, in der jedoch andere, gesellschaftlich wichtigere Werte gelten, wird er damit nicht die erwünschte Anerkennung durch die Gesellschaft erfahren können, und damit reduziert sich die dadurch hervorgerufene Motivation ebenfalls ins Bedeutungslose.

Unabhängig davon, in welchem Stadium sich die Entwicklung der Gemeinwohl-Ökonomie befindet, ist es unbedingt erforderlich, einen Weg zu finden, die *Fremdunternehmer,* die ein Unternehmen managen, sich aber nur am Gewinn, nicht aber am Verlust der Firma beteiligen wollen, mehr in die Pflicht zu nehmen. Ansatzpunkte dazu habe ich vorgeschlagen bei meiner Analyse der aktuellen Problemfelder des Gemeinwohls (Tacke, 146 f.).

c) Dividenden und Zinsen

Bei einer generell vorgesehenen Einkommensbeschränkung ist es grundsätzlich egal, aus welcher Quelle das Einkommen stammt, welches jeder bis zu dem vereinbarten Maximum einnimmt. Es zu limitieren auf eine einzige Einkommensart, nämlich Arbeit, setzt voraus, dass jeder seinen Lebensunterhalt durch Arbeit verdienen kann, weil er sonst auf staatliche Unterstützung angewiesen ist.

Das limitiert zum Beispiel die Möglichkeiten von Personen, die am Arbeitsmarkt aufgrund ihrer Ausbildung oder sonstiger Handicaps nur begrenzte Möglichkeiten haben, ein Leben frei von staatlicher Unterstützung zu führen. Diesen würde es sehr viel helfen, ihre Würde zu bewahren, wenn sie für ein eventuell vorhandenes – entsprechend dem Konzept der Gemeinwohl-Ökonomie – kleines Vermögen jährliche Zinsen erhalten könnten. Niemand kann bei begrenztem Einkommens- und Vermögensvolumen große gemeinschaftsschädigende Aktionen unternehmen. Also warum soll man den Zins als Einnahmeart verbieten. Zinsen sind Einkünfte, die jederzeit kontrolliert und an der Quelle besteuert werden können. Eine derartige Einkommens-Möglichkeit würde die Philosophie und Effizienz eines Gemeinwohl-Ökonomie-Systems in keiner Weise beeinträchtigen.

Die Argumentation von Felber (73 ff.) zielt darauf ab, dass bei Zinszahlung 90 % der Bevölkerung dadurch einen Verlust realisiert, weil die Kreditzinsen in den Produktpreis eingerechnet werden müssen und somit das Produkt verteuern. Ökonomisch gesehen ist das eine sehr einseitige Betrachtung, denn Zinsen sind immer auch Einkommen.

Nehmen wir das Prinzip des Marktes und untersuchen, was wirklich passiert: Ein Unternehmer ist teurer in seinen Produkten als die Konkurrenz. Mit einer bestimmten Maschine könnte er die Kosten entscheidend senken. Er geht zur Bank und leiht sich Geld. Die Bank berechnet ihm einen Betrag X als Kreditkosten, und er stellt fest, dass die Kalkulation klappt. Die Kunden bestätigen das, indem sie jetzt sein Produkt vorziehen. Trotz der Bankkosten haben sie einen Vorteil. Sie realisieren keinen Verlust, sondern haben beim Kauf Geld übrig gegenüber der früheren Situation. Gäbe es überhaupt keine Kreditkosten, könnte entweder der Verkaufspreis noch weiter reduziert werden, oder der Unternehmer hätte eine größere Marge für sich, oder er bezahlt den Mitarbeitern davon eine Prämie – alles, obwohl der Sparer mit seiner Einlage in der Bank die Maschine finanziert hat. Er hat am Produktionsprozess teilgenommen und sollte auch entsprechend *prämiert* werden, und zwar nicht nur durch das hehre Gefühl, sich mit der Spareinlage gemeinwohlfördernd verhalten zu haben – ähnliches sollte man nämlich gleichermaßen von den Konsumenten und dem Produzenten erwarten. Der Sparer ist schließlich auch Teil des Gemeinwohls. Wenn die Bank als Kreditzins z. B. 3 % Sparzins einrechnen würde, würde darunter das Modell der Gemeinwohl-Ökonomie in keiner Weise leiden, zumal in diversen Untersuchungen festgestellt wurde, dass ein Kreditzins auf *angemessenem Niveau* bei Investitionsüberlegungen eine untergeordnete Rolle spielt. Anders war die Situation Anfang der 1970er Jahre, als die Kreditzinsen ein Niveau von 13–15 % p. a. erreicht hatten.

Zinsen zu verbieten ist wenig sinnvoll. Man kann einem Investor nicht zumuten, in ein Gemeinwohl-Ökonomie-Unternehmen zu investieren und damit ohne Ausgleichsmöglichkeiten Risiken zu akzeptieren. Zins ist eine Prämie für das Risiko, welches auch bei Unternehmen der Gemeinwohl-Ökonomie nicht ausgeschlossen werden kann. Zins ist weiter ein – wenn auch schwaches – Mittel, dem Staat die Schuldenaufnahme zu erschweren. Das Konzept der Gemeinwohl-Ökonomie wird durch ein Zinsverbot wesentlich erschwert. Zinsen nutzen mehr als sie schaden. Wer nur über ein begrenztes Einkommen verfügt, wird durch Zinsen nicht gefährlich reich und nicht einflussreich werden können.

Felber (74 f.) stellt weiter fest, dass Kapitaleinkommen Wachstumszwang auslöse, weil Kreditnehmer mehr Geld zurückbezahlen, als sie geborgt haben. Ebenfalls wird unterstellt, dass durch Zinsen das Geldvermögen wächst.

Es ist nicht schlüssig festzustellen, dass das volkswirtschaftliche Geldvermögen durch die Zinsen wächst. Es sind andere Faktoren, die das Geldvermögen wachsen lassen. Man denke nur daran, dass die Banken nicht nur das Geld der Sparer verleihen, sondern basierend auf den Spareinlagen die Möglichkeit haben, zusätzlichen Kredit zu schaffen. Die Höhe dieser Möglichkeit wird durch die Zentralbank reguliert. Nehmen wir wieder den klassischen Fall und verzichten zur Vereinfachung auf die Bankkosten, so geht der Unternehmer mit seiner Idee zur Bank, die leiht ihm das Geld des Sparers und kassiert dafür einen Kreditzins. Den leitet sie weiter an den Sparer. Der Käufer ist dadurch um die Summe ärmer, die der Produzent der Bank bezahlen muss. Um die gleiche Summe hat sich aber die Kaufkraft des Sparers erhöht. Ein absolut neutraler Vorgang, der mit Wachstum nichts zu tun hat. Wenn der Unternehmer Glück hat, ist er derjenige, der mit seiner Idee weiteres Wachstum anregen kann.

Wenn durch das Zinsgeschäft das Geldvermögen nicht vergrößert, sondern nur umverteilt wird, bleiben Folgerungen aus dieser nicht zutreffenden Unterstellung ebenfalls wirkungslos. Nicht durch den Zins wächst das Geldvermögen, sondern durch zusätzliche Finanz-Maßnahmen, die mehr oder weniger präzise gesteuert werden können durch die Zentralbanken. Es ist nicht sinnvoll, auf derartigen Annahmen ein Wirtschaftsgebäude zu bauen, auf welchem eine neue Gemeinwohl-Ökonomie ihre Existenz finden soll. Da muss Christian Felber noch einmal nacharbeiten. Dazu gehören auch Überlegungen und Erklärungen, die mit den Konsequenzen einer sinkenden und steigenden Sparquote verbunden sind. Wenn Unternehmer viele Ideen haben und die Nachfrage groß ist, sind sie bereit, einen höheren Kreditzins zu bezahlen. Bekommen die Sparer einen höheren Zins, sparen sie gerne mehr. Dadurch geben sie aber weniger Geld für Konsumzwecke aus. Kaufen sie deshalb weniger, sind die Unternehmer logischerweise enttäuscht und investieren weniger. Wenn weniger Kredit nachgefragt wird, muss die Bank die Kreditzinsen senken und kann dem Sparer nur geringere Zinsen zahlen. Alles, was Einfluss nehmen kann auf die Veränderung der Geldmenge, und damit des Geldvermögens, wird von außen bestimmt. Die Zinsen und das Kapitaleinkommen verantwortlich zu machen für die Tragfähigkeitsgrenze der Erde ist nicht nur eine schlichte, sondern auch unzutreffende Darstellung. Was Kapitaleinkommen machen kann oder darf, hängt im Wesentlichen davon ab, was die Gesellschaft als Ganzes akzeptiert und wo sie Grenzen gesetzt haben möchte. Diese Entscheidungsmöglichkeiten, und folglich die damit verbundene Macht, ist das erste, was man dem Bürger zurückerobern muss, wenn man wirklich will, dass der Staat nach dem Willen des Volkes geführt wird.

Gleichermaßen würde sich erübrigen, die Verwendung von Gewinnen als Dividende zu verbieten (Felber, 50 ff.). Die meisten Dividenden würden wie vorgesehen an die Mitarbeiter fließen, die bei größeren Firmen sukzessive zu Miteigentümern würden. Alle – vom Chef bis zum Lehrling – leben in einer Gemeinwohl-Ökonomie unter der Maßregel der Einkommenslimitierung. Die Dividende, die der Chef erhält, wird ihm wahrscheinlich nicht viel geben, falls er mit seinem Arbeitseinkommen das gesetzte Limit schon erreicht hat. Den Mitarbeitern aber wäre es eine Prämie und Anerkennung ihrer eigenen Leistung. Warum sollte man dem Team diesen „Dank" für eine gute Gemeinschaftsleistung nicht zuerkennen? Auch die Angst, dass Dividenden auch an nicht mitarbeitende Eigentümer gezahlt würden, sollte kein Grund zur Sorge sein. Falls ein Eigentümer außerhalb seiner Firma arbeitet, verdient er dort sein Geld und hat gute Chancen, mit oder ohne die besagte Dividende sein Einkommenslimit zu erreichen. Mehr geht eben nicht – also braucht man auch nicht alles zu verbieten und dem Einzelnen damit die Voraussetzungen für einen auskömmlichen Lebensunterhalt zu erschweren.

Es muss auch in einer Gemeinwohl-Ökonomie möglich und gestattet sein, wenn auch begrenzt, durch Vermögen sein Einkommen zu vermehren bis zu dem von der Gemeinschaft festgelegten Maximum.

d) Machtbegrenzung durch Haftungselemente

Die Behauptung, dass das Individuum nicht eingeschränkt werden soll und dass die Gemeinwohl-Ökonomie nur die „juristischen" Personen betrifft, ist zu bezweifeln (Felber, 14 f.). Schließlich wird allen ein gemeinwohlnützliches Verhalten abgefordert. In den Unternehmen, in welchen sie arbeiten, beeinflussen Maßnahmen der Gemeinwohl-Ökonomie ebenfalls das Individuum an seinem Arbeitsplatz, und für alle Mitglieder der Gemeinwohl-Gesellschaft wird die Verfügung über Eigenkapital und Einkommen reglementiert.

Gewinnstreben soll nicht mehr Zweck unternehmerischen Handelns sein, sondern soll durch Gemeinwohlstreben ersetzt werden. Ob das eine das andere ersetzen kann, kann in Frage gestellt werden.

In jedem Fall aber würde es der Gemeinschaft nützen, wenn die Unternehmen sich entsprechend gemeinwohlfördernd verhalten würden. Dazu muss man aber nicht die Wirtschaftsordnung abschaffen, sondern ähnlich wie bei dem Monopolverbot für Unternehmen nur die unerwünschten Auswüchse durch entsprechende Regeln vermeiden.

Wenn unsere Wirtschaftsordnung den Banken spekulative Geschäfte mit fremdem Geld erlaubt, ist das nicht hinnehmbar, weil Risiko und Haftung auseinander fallen. Es würde genügen, eine Regulierung einzuführen, dass Banker die Boni der letzten beiden Jahre zurückzahlen müssen für den Fall, dass die Bank auf Hilfe von außen angewiesen sein sollte. Ebenfalls muss unterschieden werden, ob Manager ihre Boni durch Einsatz von Fremdkapital oder Eigenkapital erwerben. Für Boni müssen im Falle von Fremdkapital strengere Begrenzungen und Auflagen gelten. Wir scheitern jedoch immer wieder an der Frage, wer das beschließen sollte angesichts der Situation gegenseitiger Verflechtung und Abhängigkeit der Entscheidungsträger. Es ist auch für die Gemeinwohl-Ökonomie unbedingt erforderlich, im Vorfeld der eigentlichen Reformen die Machtverhältnisse wieder verfassungsgemäß zu ordnen, um überhaupt in die Lage versetzt zu werden, einen wie auch immer gearteten Reformbeschluss durchsetzen zu können. Eine *Revolution* von unten ist unter den heutigen Verhältnissen aussichtslos. Das sollten wir uns in aller Nüchternheit vor Augen führen. Die politische Klasse braucht uns Bürger nicht mehr und will im eigenen Wirken nicht eingeschränkt und möglichst wenig von uns gestört werden. Das ist die Grundeinstellung unserer heutigen Volksvertretung (Tacke 33 ff.).

2. Demokratische Bank

(Felber, 70 ff.) Die geplante demokratische Bank soll nicht gewinnorientiert arbeiten. Sie soll regionale Wirtschaftskreisläufe und sozial wie ökologisch nachhaltige Investitionen fördern. Ihre Funktionen betreffen in erster Linie die Verwaltung von Spareinlagen, kostenlosen Giro-Konten, kostengünstigen Krediten für Individuen und Firmen, die die Auflage ökonomischer Bonität und der Schaffung von ökologischem und sozialem Mehrwert erfüllen. Gleichermaßen soll sie zuständig sein für kostengünstige Ergänzungskredite zur EZB-Finanzierung und – solange noch erforderlich – zur Vermittlung von Staatsanleihen.

Eine demokratische Bank deckt nur die Kosten plus Vorsorge für Kreditausfälle. Die maximale Einkommensspreizung bei den Mitarbeitern soll

1 : 3 betragen. Die Vorstände sollen persönlich haften, wenn sie die Gesetze nicht einhalten.

Sie beschäftigt sich also bewusst nahezu ausschließlich mit dem klassischen Bankgeschäft, indem sie als Vermittler fungiert zwischen Sparern und Kreditnehmern. Da sie kein eigenes Geld schöpfen sollte, verfügt sie laut Felber auch über genügend Eigenkapital (woher?), um Krisenzeiten überstehen zu können. Das Geld bleibt jedoch Eigentum der Sparer. Es wird nicht zum Eigenkapital der Banken gerechnet. Da es keine Fonds mehr geben soll, sind die Menschen gehalten, Ihr Geld zinslos bei der demokratischen Bank zu deponieren. In Krisenzeiten – oder wenn eine Firma ihren Kredit nicht zurückzahlen kann – werden die Verluste gedeckt aus den geplanten Rücklagen aus dem Kreditgeschäft – sollten sie aufgebraucht sein, deckt der Staat den Verlust ab. Diese staatliche Garantie wird besonders wichtig, weil Banken in der Gemeinwohl-Ökonomie gehalten werden, antizyklische Kreditpolitik zu betreiben und dadurch in Krisenzeiten den Unternehmen wesentlich mehr Kredite gewähren als in normalen Zeiten.

Alles wird in der Verfassung festgeschrieben und kann nur durch den Souverän geändert werden. Regierung und Parlament sollen keinen Zugriff auf die Demokratische Bank haben.

Die Bank soll Risiken eingehen können bei ökosozialen Projekten. Alternativ sollen bei sonstigen nicht ökosozialen Unternehmenskrediten (also Risikokapital) die Kreditgebühren im Erfolgsfall höher sein, damit man damit ausfallende Kredite abdecken kann. Auch können lokale Bürger in die Investition einbezogen werden, bekommen dafür aber nur Anerkennung und Mitsprache. Der Investitionsgrund soll nicht Geld sein! Alle Organe der Bank werden vom Souverän gewählt.

Um unfairem Wettbewerb vorzubeugen, dürfen Privatbanken ebenfalls nur noch in nichtgewinnorientierten Rechtsformen existieren. Investmentbanking gibt es nicht mehr.

Die Zentralbank soll ebenso wie die demokratischen Banken transparent sein und sich im Eigentum des Souveräns befinden.

Das heutige Bankensystem sei nicht nur ökonomisch, sondern ebenso politisch systemrelevant und damit der Tod der Demokratie. Dem kann man in der heutigen Situation zustimmen. Wenn aber die Banken und Finanzinstitute ihre Machtbefugnisse mit Hilfe der Politik über ein dem Gemeinwohl dienendes Maß ausgedehnt haben, so gilt es in erster Linie, diese unerwünschten Effekte durch neue Regulierungen abzuschaffen oder einzudämmen.

Das müssen wir Bürger erreichen. Es wäre in jedem Falle einfacher und leichter zu handhaben, statt ein komplett neues Finanzsystem einzuführen, welches auf Annahmen über die gemeinwohlfähige Verhaltensweise der Menschheit basiert. Gleichzeitig sind wir uns noch nicht genügend bewusst, dass ein derartiges Fehlverhalten nur dadurch ermöglicht wird, dass den entsprechenden Funktionsträgern die Freiheit gegeben ist, Verantwortung zu übernehmen und auszuüben, ohne selbst für die eigenen falschen Entscheidungen persönlich haften zu müssen.

Die eigene Haftung ist nicht nur im Falle der Banken oder öffentlichen Verwaltungen, sondern auf der ganzen Linie überall dort, wo Menschen über anderer Leute Geld verfügen können, unabdingbare Voraussetzung, um sicherzustellen, dass jeder nicht nur im Gemeinwohl-Interesse, sondern in seinem eigenen Interesse gewagte Handlungen unterlässt oder wenigstens mehrmals überlegt, bevor er ein Risiko akzeptiert. Nur durch eine derartige *Rückversicherung* kann in der Gesellschaft eine Zielkongruenz zwischen dem Individuum und seiner Gemeinschaft erreicht werden. Alle müssen im gleichen Boot sitzen, damit sie sich nicht gegenseitig behindern, sondern gemeinsam in die gleiche Richtung rudern.

Warum sollen Finanzmärkte geschlossen werden? Selbst in der Gemeinwohl-Ökonomie, in welcher möglichst alle Mitarbeiter der Unternehmen Miteigentum erwerben sollten, sei es mit Hilfe der demokratischen Mitgift oder aus individuellen Überlegungen, müssen die Miteigentümer die Möglichkeit haben, ihre Anteilsscheine zu verkaufen oder andere Anteilsscheine zusätzlich zu kaufen, einfach weil sie an dem Unternehmen oder seinem Programm Interesse haben. Mit staatlich festgesetzten Tagespreisen für die jeweiligen Anteilsscheine von hunderttausenden von Unternehmen würde die öffentliche Verwaltung leicht in die gleichen Probleme der Starrheit geraten, an denen die zentralverwalteten Gesellschaften sozialistischer Prägung gescheitert sind. Der einfachste Weg ist und bleibt, den Tagespreis für derartige Papiere durch die marktmäßige Methode des Ausgleichs von Angebot und Nachfrage festzustellen.

Felber (71 ff.) selbst regt an, Devisen sollen als Handelswährungen flexibel an einen Leitwert (Ecu oder Terra) angepasst werden. Wenn Felber diesen Finanzmarkt gestattet, sieht er den Sinn derartiger Marktplätze ein. Es bleibt dann zu erklären, wie er Rohstoffmärkte mit *menschenwürdigen* Preisen erreichen will, indem er einen Ausschuss von Konsumenten und Erzeugern die Preise festlegen lässt. Auch heute entscheidet der Markt, bestehend aus Konsumenten und Erzeugern, also Angebot und Nachfrage, den Preis, der für ein Produkt bezahlt wird. Das einzige, was eine gemeinwohlökonomische Organisation verbessern kann, ist, die Handelsspanne zwischen Erzeuger und Konsument durch Verkürzung der Handelskette oder ähnliche Maßnahmen zu verkleinern, wodurch der Spielraum zwischen Erzeugerpreis und Konsumentenpreis vergrößert werden kann zum beiderseitigen Nutzen. Das allerdings gelingt in der Regel eher bei konsumnahen, landwirtschaftlichen Produkten. Für Kupfer, Erdöl, Kohle und andere Commodities gibt es keine menschenwürdigen Preise – wie immer man die Menschenwürde auch definieren mag – sondern nur politische oder Marktpreise.

Alles dem Staat zu überlassen gemäß der Feststellung, ihr sollt nur arbeiten, der Staat garantiert Euer Vermögen, stößt bis in die Gegenwart auf berechtigte Zweifel an der Fähigkeit und Kompetenz des Staates. Der Staat ist dazu nicht in der Lage. Die jahrzehntelange explosionsartige Ausweitung der Kreditvolumen lässt keinen Zweifel daran, dass der Staat zwar gerne die Verantwortung übernimmt, jedoch in keinem Fall dafür haften will oder haftbar gemacht werden will. Kein Politiker würde sich bereit erklären, für Fehlentscheidungen, für die er mit zuständig war, in die persönliche Haftung zu gehen. Und es besteht auch mit an Sicherheit grenzender Wahrscheinlichkeit keine Aussicht, dass irgendein System diese Grundeinstellung des

Individuums signifikant beeinflussen kann. Als Menschen sind wir eben nicht die, die wir gerne vorgeben zu sein. Sicherheitshalber sollte man deshalb das System immer so konzipieren wie ordentliche Handelsverträge, bei denen die Konsequenzen für ein *Worst-Case-Szenario* wichtiger Bestandteil sind. Nur bei eindeutiger Begrenzung individueller Vorteilsnahmen kann es gelingen, Interessengleichheit aller Beteiligten herzustellen.

3. Vermögensbegrenzung

Felber (82 ff.) stellt fest: Eigentum ist heute die größte Gefahr für eine Demokratie. Es verletzt durch die Machtverteilung die Freiheit des anderen, was laut Grundgesetz nicht sein darf. Es widerspricht dem demokratischen Grundprinzip der gleichen Rechte, Chancen und Beteiligungsmöglichkeiten für alle.

Felber argumentiert wie folgt. Eigentumsfreiheit gilt als höchste Freiheit und ist absolut gestellt. Aber der Gleichheitsgrundsatz ist ein höherer Wert, weil hier zu große Freiheit die Freiheit der anderen gefährdet. Er gibt plausible Beispiele aus anderen Situationen, die heute schon die individuelle Freiheit gesetzlich einschränken: rasen –

Bewegungsfreiheit, Beleidigung – Meinungsfreiheit, vergewaltigen – Triebfreiheit. Gleichheit ist deshalb ein absolutes Prinzip, Freiheit ein relatives. Es gibt ein Freiheitsbegrenzungsprinzip, aber kein Gleichheitsbegrenzungs-Prinzip (Felber, 103 f.).

Es ist richtig, dass wir zutiefst fixiert sind auf die verfassungsmäßig zugesagte Eigentumssituation in den demokratisch regierten Staaten. Sie hat bis jetzt nicht beweisen können, ob sie richtig und für eine Demokratie die geeignetste Form ist. Bringt man – wie Felber – Eigentum in Relation zu Leistung, ist es durchaus erlaubt und sinnvoll, darüber nachzudenken. Der von Felber zitierte Ausspruch von Warren Buffet *Fänden Sie es gerecht, wenn die Fußballspieler des Nationalteams von morgen die Söhne oder Töchter der Spieler von heute sein würden?* stellt in Frage, dass die Kinder – unabhängig von ihrer eigenen Leistung – ihr eigenes Leben nur auf dem Vermögen der Elterngeneration aufbauen und selbst keine Verpflichtung haben sollten, sich um den eigenen Lebensunterhalt selbst zu kümmern.

Jeder, auch Christian Felber, weiß, dass eine derartige Forderung einen Umbruch in der Gesellschaft voraussetzt, der nicht von heute auf morgen und – wenn man die Demokratie weiter erhalten will – nicht mit Gewalt zu erreichen ist. Es muss ein Prozess des Umdenkens in der Gesellschaft angestoßen werden. Dazu muss aber, wie schon einige Male angedeutet, die Gesellschaft zuerst einmal wieder als eine Gemeinschaft wahrgenommen werden. Solange man dieser Gemeinschaft, um mit Felber zu sprechen, noch nicht die Würde entgegenbringt, die man ihr schuldet, wird sich niemand ernsthaft bemüßigt fühlen, bei dem Denkprozess mitzumachen, sondern die Gemeinschaft respektlos weiterhin lediglich als Kuh betrachten, die man wie alle anderen versuchen muss zu melken.

Man kann nicht damit rechnen, dass die heutige Politik sich neu besinnt und nicht mehr als *scheinheilige* Volksvertretung fungiert, sondern sich qualifiziert, Interessenvertreter des Volkes zu sein. Solange sie sich vornehmlich ihren eigenen Interessen widmet, wird von dieser Seite aus keine Initialzündung zu erwarten sein.

Ob Machtmissbrauch aufhört, wenn die Unternehmen aufgeteilt werden in neue Eigentümergruppen, ist nur dann gegeben, wenn die von Felber unterstellte Gemeinwohl-Fähigkeit der Beteiligten wirklich existiert. Denn wir erleben heute, dass bei allen am Unternehmen Beteiligten, Arbeitgebern, Arbeitnehmern, Betriebsräten, Gewerkschaften und Eigentümern bzw. Aktionären Interessengleichheit vorherrscht bei dem Bestreben, über die Politik eine Besserstellung ihres Unternehmens zu erreichen.

Unabhängig davon kann man aber unterstellen, dass bei erreichter Vermögensbegrenzung auch die Lobbytätigkeit wesentlich an Aktivität verliert, weil mit zunehmender Transparenz auch dieser Sektor überschaubarer wird.

Es ist ebenfalls tendenziell nicht ausgeschlossen, dass bei gleichmäßiger Vermögensverteilung viele soziale *Defekte* unserer Gesellschaft, wie bei Felber (85 f.) beschrieben, deutlich gemildert würden.

Die damit einhergehende Begrenzung des Vererbungsvolumens wird im Gegensatz zur Eigentumsbegrenzung möglicherweise leichter durchzusetzen sein, weil selbst die Reichen sich oft darüber sorgen, dass ein zu großes Erbe den Hang zum Nichtstun fördere. Eine Möglichkeit, über die Verwendung ihrer überschüssigen Erbschaftsmasse im Rahmen der in der Gemeinwohl-Ökonomie vorgesehenen Verwendungen selbst entscheiden zu können, würde den Widerstand sicherlich reduzieren helfen. Bei der Höhe des Erbschaftslimits muss – zwecks leichterer Zustimmung – berücksichtigt werden, dass viele Unternehmer nicht nur für sich selbst und für ihre Sicherheit im Alter sorgen wollen, sondern sich als Vater oder Mutter in der Elternpflicht fühlen, für die Sicherheit ihrer Kinder so gut wie möglich Sorge zu tragen.

Es ist zu früh, jetzt schon die einzelnen von Felber geplanten und vorgeschlagenen Themen zu bewerten. Es gibt die Vermögensbegrenzung noch nicht, und wir müssen zuerst an der technischen Basis der Machtverteilung erhebliche Korrekturen durchsetzen. Wenn das gelingt, kann alles in die Hände des Souveräns gelegt werden, der dann endlich anfangen kann, über die Gestaltung seiner eigenen Zukunft selbst zu entscheiden und auch selbst darüber zu befinden, welche der heute noch futuristisch wirkenden Gesellschaftsbilder er zu realisieren wünscht.

4. Demokratische Mitgift

Der Vorschlag Felbers (57 ff.), einen Teil des Geldes aus den Vererbungsüberschüssen zu benutzen, um den Jugendlichen den Eintritt ins Erwerbsleben und gegebenenfalls Beteiligung an einem Unternehmen oder einer Neugründung zu erleichtern, kann durchaus positive Wirkungen zeigen. Es bedarf jedoch noch weiterer Diskussionen, um im Einzelnen abzuklären, welche Risiken mit einer derartigen Mitgift in Höhe von immerhin geschätzt 200.000 € verbunden sein können. Es besteht zum Beispiel die Gefahr, wenn die Auszahlung an den Eintritt ins Berufsleben gebunden wird, dass speziell in der Anfangsphase dieses Projektes die Jugendlichen versuchen werden, so schnell wie möglich einen Beruf zu ergreifen und auf weiterbildende Maßnahmen wie Studium oder Praktikum zu verzichten. Das wäre kontraproduktiv. Wahrscheinlich müsste man ein Äquivalent für die Ausbildungszeit schaffen. Zum Beispiel könnte ein Schüler nach dem Abitur monatlich 500 € erhalten, die ihm auf die demokratische Mitgift angerechnet werden. So könnte er z. B. 10 Jahre lang studieren und würde während dieses Zeitraumes seine demokratische Mitgift um 60.000 € reduzieren. Bei geplanten ca 200 TEU blieben immer noch 140 TEU, die ausreichen würden als Mitgift, weil er durch das ermöglichte Studium auch wesentlich bessere Ausgangchancen im Beruf erarbeitet hat. Nur – was soll ihm das Kapital bringen? Er kann sich Aktien kaufen, die ihm aber keine zusätzliche finanzielle Sicherheit bringen. Er kann das Unternehmen, in welchem er arbeitet, unterstützen und auf diese Weise evtl. seinen eigenen Arbeitsplatz sichern helfen. Es ist allerdings wahrscheinlicher, dass er entweder versucht, alleine oder mit anderen irgendein Unternehmen aufzuziehen oder er wird das Geld in eine Immobilie stecken, um eine Familiengründung zu erleichtern oder mit Mieten sein Einkommen zu erhöhen im Rahmen der Gemeinwohl-Möglichkeiten.

Man sollte auch nicht vergessen, darüber nachzudenken, ob nicht die demokratische Mitgift ebenfalls eingesetzt werden könnte, den größten Mangel unserer Volkswirtschaft, die geringe Geburtenziffer, zu beseitigen.

Bei den heutigen familiären Patchwork-Situationen muss jede Frau damit rechnen, dass eine Partnerschaft nicht von Dauer ist. Sie wird also vernünftigerweise versuchen, erst eine eigene Ausbildung abzuschließen, bevor sie bereit ist, Kinder zu bekommen. Durch diese Entwicklung hat sich das statistische Durchschnittsalter von Erstgebärenden auf das 30. Lebensjahr verschoben. Prof. Kirchhof (Kirchhof 2006) stellt in seinem Buch fest, dass der Bedarf unserer Volkswirtschaft nicht darin bestehen kann, mehr Autos oder mehr Fernseher zu haben, sondern mehr Kinder zu bekommen. Es gibt mittlerweile über 125 familientechnische Maßnahmen zur Unterstützung, aber trotzdem immer weniger Kinder. Bei der geistigen Einstellung der heutigen Berufspolitiker zu ihrer Tätigkeit und Berufssituation kann von ihnen nicht erwartet werden, dass sie sich mit einer Langzeit-Lösung über den Tellerrand ihrer Wahlperiode hinaus wagen. Ein Vierjahreszyklus in der Politik reicht aber gerade aus, um ein neues, teures, aber wenig effizientes Palliativmittelchen für die Familien hinzuzufügen – wegen der nächsten Wahl.

Es könnte also durchaus nützlich und von der Gesellschaft als anerkennenswert eingestuft sein, die demokratische Mitgift bei Schwangerschaft einer Frau zu gewähren und bei jeder Geburt zu erhöhen um eine wie auch immer geartete demokratische Mitgift für jedes Baby. Es würde verwaltet von der Person oder Partnerschaft, die das Sorgerecht für das Kind besitzt. Damit würde sich diese Form der Geldzuwendungen einem auf einen wichtigen Personenkreis begrenzten Konzept des bedingungslosen Grundeinkommens annähern, welches von nahezu allen gesellschaftlich orientierten Organisationen gedanklich intensiv durchdacht wird. Es wäre gleichzeitig ein vehementer Hebel, unsere Alterspyramide sukzessive wieder in einen Zustand zu bringen, der bei der Konzeption unserer Sozialversicherungen als Basis angenommen wurde.

5. Umpolung des Anreizrahmens zur Gemeinwohlbilanz

Es ist die Wunschvorstellung von Felber (14 f.), dass wir uns in der Wirtschaft nicht mit anderen Werten befassen sollten als in unseren Beziehungen. Er will, dass in den Wirtschaftsbeziehungen die humanen Grundwerte, die das gemeinschaftliche und menschliche Leben gelingen lassen, gefördert und belohnt werden. Ich kann ein anderes Verhalten durch Belohnung erzwingen – was der von Felber mehrfach zitierte Alfie Kohn allerdings strikt abgelehnt hat – aber ich kann dadurch nicht den Menschen ändern. Das ist das Problem, vor dem Felber steht. Er hat den Menschen, wie er ist, und ihm Geld oder andere Anreize zu geben, damit er andere nicht betrügt am Markt, ist eine Perversion der Marktfunktion. Der Markt – wenn man ihn denn lässt – passt selber auf, dass man ihn nicht betrügt. Jetzt eine Prämie zu geben für ein Wohlverhalten, das letztlich auch nur gemessen werden kann, wenn es Zahlen gibt, führt zu keinem anderen Verhalten. Nehmen wir folgendes Beispiel als Karikatur: Jemand offeriert am Markt eine Uhr, die, wie wir wissen, im Einkauf 5 € gekostet hat. Unser Versuchskarnickel verhält sich gemeinwohl-vorbildlich, legt das entsprechende Gemeinwohl-Zertifikat aus und möchte wegen der höheren Gemeinwohlkosten am Markt einen Preis von 10 € verlangen, obwohl die „freie" Konkurrenz die gleiche Uhr für 8 € verkauft. Er hat Chancen ähnlich wie auf einer Wohltätigkeitsveranstaltung, bei welcher man etwas bezahlt teils aus Überzeugung, teils aber auch, um durch Teilnahme an der Veranstaltung seinen eigenen sozialen Charakter von der Gesellschaft bestätigt zu bekommen. Felber selbst zweifelt offensichtlich noch erheblich an der Gemeinwohl-Fähigkeit der Käufer und geht davon aus, dass man den finanziellen Nachteil der Gemeinwohl-Ökonomie-Zertifizierten ausgleichen müsse durch entsprechende Zuschüsse. Die Gemeinschaft gibt ihm daraufhin aus der Gemeinschaftskasse einen mess- und schätzbaren Ausgleichswert im Gegenwert von 2 €. Er verkauft die Uhr jetzt zum Marktpreis von 8 € und bekommt seine Gemeinwohl-Mühe in Höhe von 2 € erstattet aus der Gemeinschaftskasse. Wer den Markt lenken will durch Belohnungen, greift mit seiner eigenen Werteskala in das gewünschte Verhalten anderer Individuen ein, was in höchstem Maße bedenklich ist.

Felber möchte erreichen, dass der – wie er feststellt – falsche Leitstern „Gewinnstreben und Konkurrenz“ abgeschnallt wird, und durch den mehrheitsfähigen (?!) Leitstern „Vertrauensbildung, Kooperation, Solidarität, Teilen“ ersetzt wird. Umpolung des Anreizrahmens auf Gemeinwohlstreben und Kooperation. Grundsätzlich gibt es auch heute schon in zunehmendem Maße Unternehmen, die den Wert kooperativer Zusammenarbeit in ihren Unternehmen aus wirtschaftlicher Überlegung fördern, weil sie die Vorteile erkennen. Von dieser Erkenntnis kann auch abgeleitet werden, dass eine derartige Kooperation intensiver und effizienter wird, wenn die Mitarbeiter durch Beteiligung am Gewinn am eigenen Leibe feststellen können, dass ihr Einsatz nicht nur vom Markt, sondern auch von dem Unternehmen anerkannt wird. Und Anerkennung ist für uns Menschen, wie Bauer (Bauer, 84) ausgeführt hat, eine lebenswichtige Begleiterscheinung. Solange ein Unternehmer den wirtschaftlichen Vorteil sieht, der durch eine derartige Firmenpolitik nachzuweisen ist – also Betriebspolitik mit sozialen Mitteln – wird er sie befürworten. Falls es aber darum geht, soziale Betriebspolitik – also Sozialpolitik mit betrieblichen Mitteln – zu betreiben, die in erster Linie den Mitarbeitern Erleichterung bietet, aber zu einer Kostenbelastung führt, die dem Gewinn der Firma abträglich ist, so hängt die Entscheidung für derartige Maßnahmen ausschließlich von den persönlichen Charaktereigenschaften des Entscheidungsträgers ab.

Charaktereigenschaften sind jedoch vielseitig und führen bei einem Menschen durchaus zu unterschiedlichen Bewertungssituationen. Wenn eine derartige ökonomische Entscheidung ausschließlich von ihm abhängt und nichts anderes berücksichtigen muss, wird er so entscheiden, wie es ihn ökonomisch befriedigt. Wird jedoch soziales Verhalten ein Element gesellschaftlicher Wertschätzung, dann kann das in ihm eine Umdisposition erreichen, weil ihm die Wertschätzung anderer wichtiger ist als ein etwas höherer Firmengewinn. Das ist die Chance, die gleichzeitig wichtigste

Voraussetzung ist, wenn Neuerungen vorgesehen sind, die auf einem sozialen Verhalten der Mitglieder einer Gesellschaft basieren müssen. Die Gesellschaft muss deshalb in erster Linie als „Wertschätzungs-Indikator" reaktiviert werden.

Felber neigt dazu, den Tauschwert des Geldes zu verreißen. Er könne weder wärmen, noch ernähren, noch umarmen (Felber, 13, 38 f.). Das war allerdings von Anfang an auch nicht seine Aufgabe. Er sollte Mittel sein, den Tauschakt früherer Zeiten, bei denen in einem Akt Ware gegen Ware getauscht wurde, zeitlich zu trennen in zwei voneinander völlig unabhängige Transaktionen. Das Tauschmittel konservierte auf diese Weise die Möglichkeit, es erst dann einzusetzen, wenn sich eine erwünschte und angestrebte Tauschmöglichkeit anbot. Alles, was ich haben will, hat einen Preis oder braucht keinen Preis. Liebe, wenn man sie richtig meint, gibt es nur gegen Liebe, Vertrauen nur gegen Vertrauen. Dazu braucht man keine Tauschwerte. Wenn er also anklagt, dass BIP und Finanzgewinn nichts aussagen über die wirklich erstrebenswerten Werte der Gesellschaft, dann sei ihm gesagt, dass BIP und Finanzgewinn nur in Tauschwerten gemessen werden und keinen anderen Zweck haben als genau das. Sie bilden das ab, was am Markt eine Rolle spielt, nichts sonst. Sie haben nicht die Aufgabe, immaterielle Werte auszudrücken, die nicht in Tauschwerten ausgedrückt werden können. BIP und Finanzgewinn messen nicht nur das Mittel, sondern die Veränderung der Mittel. Das werden sie auch in der Gemeinwohl-Ökonomie so machen müssen, um eine Übersicht über das zu haben, was aus ihrer Tätigkeit geworden ist. Wer zusätzlich gesellschaftliche Werte bei wirtschaftlicher Tätigkeit bewerten will, muss zunächst die Menschen als die Betroffenen fragen, ob sie das überhaupt wollen oder ob es nicht sinnvoller ist, alternativ oder parallel Maßnahmen zu ergreifen, die darauf hinwirken, Werte in der Gesellschaft wiederzubeleben und bewusst zu machen. Ziel des Wirtschaftens ist in erster Linie die optimale Versorgung der Gesellschaft (wie Felber selber sagt). Die soll gewährleistet werden durch den Marktmechanismus. Je mehr sich die Wirtschaft entwickelt, umso größer ist die Anzahl der geschaffenen Werte, bilanzmäßig ausgedrückt in dem Tauschmittel Geld. Damit ist die grundsätzliche Aufgabe der Wirtschaft erfasst.

Ob das ausreicht für die Messung des Gemeinwohls, ist zu bezweifeln. Denn Gemeinwohl gibt es nur per Individuum. Niemand sollte das ändern oder anderen vorschreiben, was sie unter Gemeinwohl zu verstehen haben. Die Aufgabe einer Gesellschaft kann lediglich darin bestehen, alle gemeinwohlhinderlichen oder -schädlichen Gegebenheiten abzubauen, damit jedem Individuum die

Möglichkeit gegeben ist, in Geborgenheit sein Leben entsprechend seinen eigenen Leitlinien einzurichten. „Die Vorstellung, es gäbe höhere Einsichten, die bestimmte Instanzen dazu ermächtigen, anderen vorzuschreiben, was ihrem Wohl und Glück am besten diene, spricht den Menschen ihre Mündigkeit ab." (Welzel, 30). Eine Gesellschaft besteht nicht nur aus Wirtschaft, sondern aus vielen anderen Bereichen, die den Lebenskreis und Lebenswert der Individuen ausmachen. In diesen Bereichen spielt sich in erster Linie das Leitstern-Verhalten ab. Es droht in dem Bereich der Wirtschaft durch materielle Werte überlagert zu werden und führt zu falschem Verhalten. Es ist deshalb ohne Zweifel wünschenswert und vorteilhaft für alle Beteiligten, dass sich in den Unternehmen die Zusammenarbeit aller Mitarbeiter intensivieren sollte. Das ist mittlerweile mehr und mehr bekannt, und in diesem Punkt rennt Felber in der Industrie offene Türen ein (siehe Toyota).

Wenn es wirklich, wie von Felber beschrieben, so ist, dass sich das Leitstern-Verhalten in allen Bereichen, die den Lebenskreis und Lebenswert der Individuen ausmachen, bildet und zeigt, so wären auch die Unternehmer selbst von diesen Leitsternen beseelt und würden sich tendenziell danach richten, weil sie damit automatisch ihren gesellschaftlichen Wert erhöhen und somit Befriedigung empfinden könnten, die durchaus wichtiger sein kann als monetäre Vorteile. Niemand kann Unternehmern vorschreiben, sich anders zu verhalten, als ihnen die innere Rangfolge der für sie wichtigen Befriedigungselemente vorgibt. Existieren die Leitsterne in der Gesellschaft, dann haben sie auch den entsprechenden Stellenwert bei Unternehmern und wirken sich positiv aus auf die Behandlung der Betriebsgemeinschaft. Gibt es die Leitsterne allerdings nicht oder sind sie verschüttet, werden die Menschen der Gesellschaft nicht den ausgeprägten Wunsch empfinden, derartige Werte-Berücksichtigung als Unternehmensziel zu fordern, weil sie wissen, dass es dann wahrscheinlich für sie teurer wird.

Jeder Zwang, sich gemeinwohlträchtig verhalten zu müssen, tendiert dann eher in Richtung utopischer Sozialisten der Frühzeit, die ebenfalls auf das Gute im Menschen vertraut haben. Sie haben in der Regel keine effizienten Mehrheiten hinter sich versammeln können. In den Fällen, in denen es gelungen war, die Gedanken in ein politisches Konzept einzubringen, waren die Ergebnisse enttäuschend, denn die treibenden Kräfte zeigten selbst, dass sie sich nicht verstanden als Teil der Gruppe, die sie führen wollten, sondern sie stellten sich über den Anspruch und nutzten die Situation in nicht zu erwartender Weise für ihren persönlichen Vorteil aus.

Felber will mit seiner Gemeinwohl-Bilanz nicht die Mittel messen, sondern das Ziel. Er möchte gerne das Ziel der Wirtschaft ändern und die Produzenten durch einen Prämienkatalog überreden, die von ihm selbst geschätzten Werte als verbindlich für ihr Unternehmen anzuerkennen. Wirtschaften sei lediglich einer der Faktoren, der materiellen Einfluss auf das Gemeinwohl hat. Felber weist als Beispiel auf das Bruttonationalglück des Staates Bhutan hin. Man solle ca. 20 Kriterien dazu nehmen, aus denen sich das Gemeinwohl-Produkt einer Volkswirtschaft zusammensetzt. Er sagt, Gewinn sage nichts darüber aus, ob Waffen oder Bioprodukte hergestellt wurden. Also sollte sich der Erfolg eines Unternehmens aus der Gemeinwohl-Bilanz ergeben. Der von Adam Smith behauptete Automatismus existiere nicht.

In Zukunft sollen in der Hauptbilanz nur noch Kosten, Investitionen und Vorsorgen abgebildet werden, nicht mehr der Gewinn als unternehmerischer Erfolg. Die „neuen" Unternehmen sollen zwar keine Verluste machen, aber auch keine Gewinne um der Gewinne willen. Gewinn sei nur noch ein Mittel für klar definierte gemeinwohldienliche Zwecke. Aber wie sollte sich ein Unternehmer verhalten, der zum Beispiel ein neues Produkt herstellt, welches eine hohe Nachfrage auslöst, so dass er spielend den doppelten Kostenpreis erzielen könnte. Soll er den Gewinn realisieren und damit Minuspunkte kassieren wegen ungebührlicher Kundenbehandlung (der Kunde scheint hier der *Loser* zu sein.)? Oder soll er das Geld trotzdem kassieren und damit mehr Arbeitnehmer einstellen, obwohl er sie gar nicht benötigt? Oder soll er keine neuen Arbeitnehmer einstellen (dann sind sie die *Loser*) und eine wie auch immer definierte „Gerechtigkeit" walten lassen und den Mitarbeitern eine höhere Prämie bewilligen? In allen Fällen überwiegt die Zahl der *Loser* die Zahl der *Winner.* Strebt er das Optimum in der Gemeinwohl-Ökonomie-Bilanz an, dann sollte er wahrscheinlich dem Kunden einen etwas niedrigeren Preis machen, ein paar neue Arbeiter mit einstellen, seinen Leuten etwas mehr Geld geben und dem Konkurrenzunternehmen (welches ja jetzt keine Konkurrenz mehr sein soll), das Geheimnis verraten, wie das neue Produkt hergestellt wird. In allen Fällen, in welchen ein wie auch immer gewähltes Gremium festlegt, was gut und was schlecht ist, wird die Wahlfreiheit des Individuums in einer Weise beschnitten, die in einer demokratischen Gesellschaft nicht wünschenswert ist. Wer erklärt, dass Gewinn eines Unternehmens nichts darüber aussagt, ob er durch Bioprodukte oder durch Waffenproduktion zustande gekommen ist, will nicht nur festlegen, was in Zukunft produziert werden sollte, sondern ebenso, was zu verbieten oder zu behindern ist. Werden dann in Zukunft Sportwaffen, Tabakkonsum, Alkoholische Getränke, Pornographie etc. auf eine schwarze Liste gesetzt, obwohl sie bilanzmäßig die Gemeinwohl-Ökonomie-Norm komplett erfüllen? Können Waffen nicht genau so gemeinwohl-orientiert produziert werden wie andere Maschinen? Die Vereinten Nationen sorgen doch jetzt schon dafür, dass Waffen nur noch an Staaten geliefert werden dürfen, die selbige nur zu ihrer Verteidigung einsetzen wollen. Solange es noch Aggressoren gibt, ist die Herstellung derartiger Waffen zur Verteidigung mit dem Gemeinwohl durchaus vereinbar. (Dass die Vereinbarungen unterlaufen werden, ist ein krimineller Akt und sollte nicht dem heutigen Wirtschaftssystem angelastet werden.)

Ich sehe ein großes Problem darin, dass *Gerechtigkeit* ursprünglich nur eine Bedeutung hatte in der Gleichheit vor dem Gericht. Jede Ausweitung auf andere Bereiche – und jeder will *Gerechtigkeit*, wenn sie ihm nützlich ist – ist eine reine Frage der Sinngebung. Wer von Steuergerechtigkeit spricht, hat die Mehrheit auf seiner Seite, lässt aber offen, ob die Gerechtigkeit darin besteht, dass alle den gleichen absoluten Betrag zahlen, oder ob alle den gleichen Prozentsatz des steuerbaren Einkommens abgeben oder ob es gerechter ist, jeden bis zu einer gleichen Schmerzempfindung zu belasten. Einkommensgerechtigkeit hängt davon ab, wie der

Einzelne sie interpretiert haben will. Derartige „weiche“ Worte wie *sozial, kapitalistisch, Gleichheit, Gerechtigkeit* sind frei interpretierbar und können deshalb leicht von Interessengruppen für sich vereinnahmt werden. Das ist das heutige Problem, wird es aber auch in einer Gemeinwohl-Ökonomie bleiben, solange das Menschenbild nicht dem entspricht, was Felber unterstellt.

Unternehmen sollen sich gegenseitig helfen wie Freunde oder Nachbarn (Felber, 63 f.). Das Verhältnis dieser Personengruppen ist nicht zu vergleichen mit demjenigen von Unternehmen, weil Unternehmen ein existentielles Ziel haben, ihre Produkte an den Mann zu bringen. Ein Austausch des Wissens und Finanzhilfe an einen Wettbewerber schwächt die mittelfristige Stabilität des eigenen Unternehmens. Wenn es aber aufgrund der gemeinwohlökonomischen Forderungen sein muss, werden beide Firmen es für vernünftig halten, „kostendeckend“ zu arbeiten, d. h. einschl. ihrer Gewinnmarge, die in derartigen Kleinkartellen zu höheren Preisen führt – selbst wenn beide Firmen das gleiche Gemeinwohl-Ökonomie-Profil haben. Zumindest wird das so sein bis zur Erreichung des in der Gemeinwohl-Ökonomie vorgesehenen Gewinndeckels. Man wird sich gegenseitig bestes Gemeinwohl-Verhalten bescheinigen und tendiert Richtung Kartell, das dann friedliche Koexistenz genannt wird.

Das Verhalten zur persönlichen Besserstellung, nicht gegenüber den Nachbarn, sondern als höchst eigenes Verlangen nach Sicherheit für die Zukunft oder aus anderen Motiven, zeigt sich nicht nur in Konkurrenz oder Privatwirtschaft, sondern in allen, besonders öffentlichen, Bereichen, in denen wesentlich komfortablere Arbeitsbedingungen existieren als in der privaten Wirtschaft. Hier sollte man eigentlich am ehesten damit rechnen können, auf Menschen zu stoßen, die die Gemeinwohlorientierung aufgrund fehlenden Wettbewerbs und fehlender Konkurrenz tendenziell verinnerlicht haben sollten. Die Praxis zeigt jedoch – vorsichtig ausgedrückt – dass das nicht der Fall ist. Im Gegenteil, der öffentliche Dienst hat sich durch Geheimhaltungsklauseln und folglich Anonymität seiner Mitglieder gemeinwohlschädliche Verhaltensweisen zugelegt, denen die Gesellschaft nur noch beikommen kann, wenn konsequent und rigoros das persönliche Haftungsprinzip für Verantwortungsübernahme in Kraft gesetzt wird (Tacke, 32 ff.).

Ein äquivalente Notwendigkeit ist die absolute Öffentlichkeit und Transparenz aller Unterlagen öffentlicher Verwaltungen. Die ganze Welt spioniert sich gegenseitig aus, aber wir dürfen nicht wissen, was unsere Staatsdiener im Einzelnen mit unserem Geld machen und wie sie es machen. Das ist nicht hinnehmbar.

6. Soziale Sicherheit

a) Arbeitslosigkeit

Statt der heute möglichen Arbeitslosigkeit – bedingt durch Anpassungsprozesse, fehlgesteuerte Produktionsmittel und Uneinigkeit der Partner am Arbeitsmarkt – solle es in Zukunft eine gesteuerte Arbeitslosigkeit geben. Jedes zehnte Jahr werde einem Arbeitnehmer (und Arbeitgeber?) ein freies Jahr eingeräumt, welches von der Gemeinschaft bezahlt werde (Felber, 65 ff.). Ob diese Freijahre tatsächlich der Selbstverwirklichung dienen und von jedem, der in einer verantwortungsvollen Aufgabe steht, wahrgenommen werden, ist nicht als sicher anzunehmen. Schließlich ist die Konzeption der Gemeinwohl-Ökonomie so aufgebaut, dass jeder sich in seinem Arbeitsleben verwirklichen können soll.

Bei 40 Jahren Arbeitsleben reduzieren die vier berechtigten Freijahre den Arbeitsmarkt um 10 %. Auch die monatliche Arbeitszeit soll reduziert werden auf 30–33 Stunden (183 f.). Dadurch will Felber die gesamte EU-Arbeitslosigkeit beseitigen, vergisst aber, dass die langjährigen, intensiven Versuche der 35-Stunden-Woche diesen Effekt zwar geplant hatten, aber nicht erreichen konnten.

Man kann nicht einfach die Gesamtzahl der Arbeitsstunden dividieren durch die Anzahl aller arbeitsfähigen Mitglieder einer Gemeinschaft, um Arbeitslosigkeit abzuschaffen. Das hat die Problematik der 35-Stunden-Woche deutlich vermittelt. Eine künstliche, durch Freistellung geschaffene Arbeitslosigkeit kann die tatsächliche Arbeitslosigkeit nicht in dem Maße kompensieren, die Felber vorgibt, erreichen zu können. Arbeitswilligkeit setzt auch eine gewisse Arbeitsfähigkeit voraus.

Andere Lebensinhalte sollen durch die Freijahre aufgewertet werden.

Man muss schon sehr positiv und großzügig denken um anzunehmen, dass jeder, der seinen Platz im Berufsleben gefunden hat, gerne ein Jahr pausieren würde. Arbeit ist ebenfalls ein gesellschaftliches und soziales Ereignis. Wenn man sich ein Jahr in diesem Kreis nicht blicken lässt, geht der Kontakt zu Kunden und Lieferanten sowie zu den eigenen Kollegen verloren und die Angst, dass sich andere in dem angestammten Arbeitsplatz besser präsentieren könnten als man selbst, wird die Auszeit mit einem gewissen Stress verbinden, der nicht gerade zur Lebensqualität beiträgt. Wenn schon die Auszeit kostenmäßig im Unternehmen oder beim Staat berücksichtigt werden muss, sollte man den Einzelnen deshalb ebenso freistellen, das Jahr zu nutzen oder den entsprechenden Geldbetrag für das Freijahr zu erhalten und weiter zu arbeiten ohne Freijahr. Das würde Häuslebauern und anderen projektorientierten Individuen sehr entgegen kommen. Es würde zur Erhöhung ihrer Lebensqualität beitragen, weil es ihnen den Stress nähme, den langfristige Kredite oder sonstige finanzielle Verpflichtungen mit sich bringen.

Der Satz, dass in der Gemeinwohl-Ökonomie alle per Anreiz Sorge tragen, dass jeder eine Arbeit findet, sollte laut Felber das Problem der Arbeitslosigkeit beseitigen. Aus Knappheit der Arbeitsplätze werde Fülle. Wegen Mitbestimmung und Gewinnbeteiligung würden alle wesentlich motivierter sein. Er meint, es sei deshalb systemwidrig, dass heutige Unterstützungen wie Hartz IV, Arbeitslosengeld oder Sozialhilfe in der Gemeinwohl-Ökonomie noch nötig seien. Sie sind weiter nötig, werden nur mit anderen gemeinwohlträchtigeren Namen versehen und werden dem entsprechen, was heute schon als Mindesteinkommen jedem Mitglied dieser Gemeinschaft garantiert wird. Man kann durch Schaffung einer künstlichen Arbeitslosigkeit durch Freistellung die tatsächliche Arbeitslosigkeit nicht kompensieren. Arbeitswilligkeit setzt auch eine entsprechende Arbeitsfähigkeit voraus. Das Problem lässt sich auch mit der Gemeinwohl-Ökonomie – wenn überhaupt – nur tendenziell verbessern. Die Unterstützungen werden weiter bleiben müssen, auch wenn sie dann Solidaritätseinkommen genannt werden.

b) Solidaritätseinkommen

Ein Solidaritätseinkommen für alle Mitglieder der Gesellschaft sei erforderlich, und eingeschränkt Arbeitsfähige müssten ein Einkommen erhalten entsprechend ihren Erfordernissen. Das ist auch heute schon so vorgesehen. Die Garantie eines Mindesteinkommens ist heute schon existent und wird von keinem in Zweifel gezogen. Ob es nicht sinnvoller sein könnte, diese Art der gesetzlichen Solidarität durch ein bedingungsloses Grundeinkommen zu ersetzen, wird von verschiedenen Seiten geprüft. Es würde viele Vorteile mit sich bringen und einen Teil der Gemeinwohl-Konzeption verwirklichen, ohne dass dabei menschliche Grundeigenschaften unterstellt werden müssten, die Felber als gegeben ansieht und auf denen sein Konzept basiert (Tacke, 169 ff.).

c) Rentenproblematik

(Felber 67 f.) Es passt nicht zusammen, die Koppelung der Rente an die Finanzmärkte als einen der größten Politikfehler in der neoliberalen Ära zu bezeichnen. Es liegt – zumindest im Bereich der gesetzlichen Rentenversicherung – ebenfalls weder an der Versicherungswirtschaft noch an den profitorientierten Banken, dass das System nicht funktioniert. Es ist hier angebracht, sich das Rentensystem noch einmal im Stenogramm-Verfahren vor Augen zu führen. (Ausführlicher bei Tacke, 138 ff.)

Jahrhundertelang sicherte man in der Dreigenerationen-Großfamilie sein eigenes Alter ab durch viele Kinder. Mit zunehmender Industrialisierung und Trend zur Stadt lockerte sich der Generationenverbund. Bismarck führte 1891 die Gesetzliche Rentenversicherung (GKV) ein, bei welcher beide, Arbeitgeber und Arbeitnehmer, jeweils 50 % der Einzahlung an die GRV zu leisten hatten. Dort wurde das Geld verwahrt und durch Anlagen in Wertpapieren u. a. vermehrt. Ein Rentner sollte also später von seinem eigenen Ersparten leben. Inflationen zeigten jedoch drastisch, dass das keine Altersgarantie sein konnte. Ein neuer Vorschlag kam von Wilfrid Schreiber (Schreiber 1957) und wurde 1957 von Bundeskanzler Konrad Adenauer aufgenommen und realisiert. Es sollte nicht mehr jeder für sich sparen, sondern jeder, der arbeitete, sollte einen festgelegten Prozentsatz seines Einkommens an die GRV überweisen. Die nahm das Geld und zahlte es an die derzeitigen Rentner aus. Das war der Generationenvertrag der dynamischen

Rente, denn der jetzt Arbeitende sollte den gleichen Vorteil haben, wenn seine Kinder ihm später einen ähnlichen Prozentsatz ihres Arbeits-Einkommens über die GRV zur Verfügung stellen zu den dann aktuellen Entlohnungssätzen. Auf diese Weise sollten alle einkommensverändernden Einflüsse auf dem Arbeitsmarkt unverzüglich auch im Rentenbereich zu Anpassungen führen können.

Schreiber hatte in seinem Konzept darauf hingewiesen, dass dieses auf einer unveränderten Relation zwischen Kindern, Arbeitnehmern und Rentnern basiere. Besonders machte er damit deutlich, dass jeder Bürger sich in seinem Leben theoretisch durch ein Kind reproduzieren müsse (Netto-Reproduktionsrate), damit die Relation erhalten bleibe und immer genügend Kinder in den Arbeitsprozess eintreten würden, um mit ihren Beiträgen die Rentnergeneration finanzieren zu können. Weil das Aufziehen der Kinder Geld koste, müssten diejenigen, die zu dieser Generationen-Vereinbarung kein Kinde beitrügen, gerechterweise einen entsprechenden Gegenwert an diejenigen zahlen, die mehr als ein Kind aufziehen müssten.

Leider wurde dieses wichtige Ausgleichselement von Adenauer gar nicht erst ins Programm aufgenommen, da er das Thema für seinen Wahlkampf ausgewählt hatte. Wir haben deshalb das Dilemma, dass seit jener Zeit kinderreiche Familien ökonomisch uneinholbar benachteiligt sind gegenüber kinderlosen Personen oder Paaren. Wie das Familienministerium errechnet hat, müssen pro Kind bis zu seinem Eintritt ins Arbeitsleben allein an Konsumausgaben im Durchschnitt 120.000 € aufgewendet werden. Um diesen Betrag ist jede kinderlose Person günstiger gestellt. Die Relation verzerrt sich noch mehr, wenn die Mutter von drei Kindern nicht mehr mitarbeiten kann. Dann hat ein Single in gleicher Position wie der alleinverdienende Familienvater von drei Kindern ein fünf Mal höheres Pro-Kopf-Einkommen zur Verfügung als die fünfköpfige Familie. Für Politiker ist das Thema aus wiederwahltechnischen Hoffnungen tödlich und aus diesem Grunde für alle Zeit tabu. Man verdeckt die himmelschreiende Ungerechtigkeit routinemäßig seit Jahrzehnten durch immer wieder neue, aber offensichtlich – wie an der sinkenden Kinderzahl ablesbar – unwirksame Familienprogramme. Politiker lassen das geschehen, wundern sich, dass sie weniger Kinder, größere Löcher in der Rentenkasse und sozial schwache Familien herbeiführen, die am Rand der Gesellschaft angesiedelt sind. Sie nennen sich trotz des Bewusstseins ihrer Schwäche weiterhin mit wichtiger Miene *Volksvertreter* und reihen sich auf diese Weise nahtlos in die Scheinheiligkeit unseres gesamten Gesellschaftsgebarens ein.

(Felber, 100 ff.) Neben privaten Kleinunternehmen und Großunternehmen im gemischten Eigentum soll es im Konzept Felbers zukünftig öffentliches Gemeinschaftseigentum geben. Dieses aber nicht mehr in Form von staatlich geführten Versorgungsunternehmen, sondern essentielle Wirtschaftszweige sollen direkt von der Bevölkerung kontrolliert und gesteuert werden durch direktdemokratische Auswahl des Leitungsgremiums. So können die Prioritäten der Bevölkerung am besten berücksichtigt werden und der Ämterpatronage wäre ein Riegel vorgeschoben. Es gibt auf diesem Sektor sehr positive Erfahrungen in Kalifornien, Brasilien und in der Schweiz. Klassische Staatsunternehmen soll es nicht mehr geben.

Das ist ein Programmpunkt, der aus verschiedenen Gründen Begeisterung auslöst.

Wir kennen die Gründe, warum öffentliche Verwaltungen langsamer und ineffizienter sind als privat geführte Unternehmungen. Wir kennen auch die Gefahren von Lobbyeinflüssen und dem Risiko, dass unsolide Entscheidungen erleichtert werden, wenn derjenige, der entscheidet, persönlich nichts zu verlieren hat. (Siehe zu diesem Kapitel Tacke, 32 ff., 72 ff.) Dazu kommt noch die von Felber richtig erwähnte Ämterpatronage, die zusätzliche Inkompetenz und Zielkonflikte in die

Organisationen hineinbringt, statt sie davon zu entlasten.

Die Idee, staatlich geführte Versorgungsunternehmen durch direkt demokratisch gewählte Leistungsgremien überwachen zu lassen, sorgt für bestmögliche Kompetenz und Effizienz. Ein derartiges, von den Bürgern gewähltes Gremium ist in der Lage und motiviert, die Vorstellungen der Bevölkerung so intensiv wie möglich zu berücksichtigen. Die Mitglieder des Gremiums wissen, dass sie im Erfolgsfall wiedergewählt, andernfalls aber auch abgewählt werden können. Damit entwickeln sie sich, wenn auch erst auf kommunaler Ebene, zu echten Volksvertretern. Die Rückführung staatlich geführter Unternehmungen in den Kompetenzbereich der Bürger sollte deshalb sukzessive mit Hilfe der Gemeinwohl-Ökonomie-Bewegung angestrebt werden.

Der Vorteil dieser Maßnahme liegt insbesondere darin begründet, dass man nach einer ersten Phase des Erfolges in der Bevölkerung mit viel Sympathie für diese Ideen rechnen kann. Derartige Schritte können überdies überparteilich durchgeführt werden. Also können alle Parteien und Gruppierungen, die sich für die Idee der direkten Demokratie einsetzen, hier punktuell zusammenarbeiten und abschätzen, ob ihnen allen eine derartige

Zusammenarbeit auch auf breiterer Ebene politisch eine *Win-Win*-Situation bescheren könnte oder nicht.

Ein weiterer Vorteil liegt darin, dass man jederzeit mit derartigen Bestrebungen anfangen kann. Man braucht nicht zu warten, bis Volksabstimmungen auf Bundesebene möglich sein werden oder bis der Wähler auf Bundesebene seine Macht zur Entscheidung über die Parlamentarier, die er wählt, ausüben kann. Es bedarf sogar nicht einmal eines von Felber unterstellten gemeinwohlfähigen Charakters der Mitmenschen, denn bei der Maßnahme zur Rückführung staatlicher Unternehmen in die Bürgerbeaufsichtigung gibt es von der Aufgabe her keine Zielkonflikte, sondern im Erfolgsfall nur Begeisterung.

VI. Umsetzungsstrategie

Nachdem die wichtigsten Gedanken nun von verschiedenen Seiten betrachtet worden sind, gilt es, das Gebäude der Gemeinwohl-Ökonomie tatkräftig umzusetzen und dabei das Unmögliche vom Möglichen zu trennen.

Wie eingangs festgestellt wurde, sind 80 % der Bevölkerung mit der derzeitigen Situation unzufrieden. Das heißt zwar noch nicht, dass alle sich die Gemeinwohl-Ökonomie wünschen, aber immerhin sind sie bereit für Änderungen. In dieser Gruppe sind auch jene zu suchen, die das Konzept einer Gemeinwohl-Ökonomie wie vorgeschlagen unterstützen würden.

Es ist einfacher festzustellen, wer sich nicht mit dem Konzept einer Gemeinwohl-Ökonomie anfreunden kann. Das sind alle, die in der heutigen Situation generell zufrieden sind. Dazu gehören in erster Linie alle Politiker, die nicht wollen, dass man ihre Macht in irgendeiner Form beschneidet. Desgleichen alle Institutionen und Organisationen einschließlich dem öffentlichen Dienst, bei denen lediglich fremdes Geld verwaltet und ausgegeben wird ohne eigene Haftung und ohne große Gefahr, für Fehler zur Verantwortung gezogen zu werden.

Sie alle profitieren davon, dass wir als Bürger still halten und uns nicht zusammenfinden können zu einem Protest dagegen, dass man uns verfassungswidrig alle Macht genommen hat. Gleichermaßen wird man auf der Seite der Gegner alle Mächtigen aus Wirtschaft und Finanz finden, deren Netzwerke durch eine Neuordnung der Gesellschaftsführung empfindlich gestört oder zerstört würden.

Wesentlicher Punkt in der Gemeinwohl-Ökonomie ist die Feststellung, dass jegliche Entscheidung über die Zukunft durch uns Bürger getroffen werden soll. Daraus ergibt sich die grundsätzliche und erste Aufgabenstellung aller demokratischen Organisationen, auch einer Gemeinwohl-Ökonomie: Die Bürger müssen als Erstes ihre verfassungsgemäße Macht wieder zurückbekommen. Davon sind wir heute noch weit entfernt.

Dazu bedarf es keiner Diskussion über Smith, Marktmechanismus oder über den menschlichen Charakter. Alle Aufgaben der Gemeinwohl-Ökonomie können in Angriff genommen ohne die bei Felber stark betonte ideologische Neuausrichtung. Sie darf nicht am Anfang stehen, sondern Ergebnis einer Entwicklung sein, die sich entfalten kann in dem Augenblick, in welchem das Feld für eine Neu-Aufstellung der Demokratie bestellt ist. Und das ist sehr, sehr viel Arbeit.

In den fast 70 Jahren ohne Krieg – und damit ohne eine *Reset-Möglichkeit* der Demokratie auf den Ausgangspunkt – haben die Parteien die absolute Macht übernommen. Sie werden uns Bürgern von sich aus keine neue Chance geben. Das ist eindeutig. Die einzige Möglichkeit besteht darin, viele neue Politiker in die Parlamente zu bringen, die nur den einen Willen haben, nämlich im Namen der Bürger gegen die derzeitige Machtaneignung der politischen Klasse und gegen die Machtenteignung des Volkes anzukämpfen. Dazu genügt nicht die Aktivität einer einzelnen Organisation, sondern das kann nur eine koordinierte Bewegung aller an Demokratie interessierten Gruppierungen sein.

Wer wie Felber die Attac-Bewegung ins Leben rufen kann, ist eigentlich prädestiniert dafür, eine derartige Gesamtbewegung anzuregen und die Initiative zu übernehmen.

1. Der Wille des Volkes

Richard von Weizsäcker, nach Meinung der meisten Deutschen der beste Bundespräsident, den wir je hatten, hat als Bundespräsident (1984–1994) und in der Zeit danach den Parteien Machtversessenheit vorgeworfen. Sie hätten ihren grundgesetzlichen

Auftrag, an der politischen Willensbildung mitzuwirken, in einer Form ausgeweitet, die nur mit der besagten Machtversessenheit zu erklären sei. Alle gesellschaftlichen Institutionen seien von den Parteien unterwandert, die Besetzung der Funktionen erfolge streng nach dem Parteienproporz, sogar die öffentlich-rechtlichen Medien und die Staatsverwaltung selbst würden verwaltet von Funktionären, die nach parteistrategischen Gesichtspunkten ausgewählt seien. Eine stärkere Beteiligung des Volkes lehnen die Parteien ab. Die Führungen der Parteien sind bestrebt, überall bestimmenden Einfluss auszuüben. Von Weizsäcker wirft den Parteien vor, nicht nur machtversessen, sondern gleichermaßen machtvergessen zu sein, weil sie ihren inhaltlichen und politischen Führungsaufgaben nicht nachkämen. „Ihre Utopie sei der Status quo, ein Leben auf Kosten der Zukunft, um sich die Gegenwart zu erleichtern. Außerdem hätten sie die Kontrolle der Exekutive durch das Parlament außer Kraft gesetzt." (Vogel 1992) Weiter warf er den Parteien vor, bei Personalfragen bevorzugt den Typ des parteiabhängigen Berufspolitikers auszuwählen, „der weder Fachmann noch Dilettant sei, sondern ein Generalist mit dem Spezialwissen, wie man den politischen Gegner bekämpfe", und er stellte fest, die Parteien insgesamt hätten sich „zu einem ungeschriebenen sechsten Verfassungsorgan entwickelt, das auf die anderen fünf Verfassungsorgane einen immer weitergehenden, zum Teil völlig beherrschenden Einfluss nehme." (Vogel 1992). Der nach von Weizsäcker folgende Bundespräsident Roman Herzog (1994–1999) weitete diese Kritik aus und empfahl mehr direkte Demokratie. Politik sei „in hohem Maße ein Insiderspiel, bei dem die Bürger weitgehend vom Mitspielen ausgeschlossen blieben." (Michels 2009). Es fehle die Balance zwischen Parteienmacht einerseits und Bürgermacht andererseits. Das sei nicht mehr in Ordnung und mit einer Demokratie nicht vereinbar.

Der Wille des Volkes kommt bei den Parteien nicht mehr an. Nicht wir als Wähler bestimmen, wer als Volksvertreter im Parlament sitzen soll und wen wir dort wegen Unfähigkeit nicht mehr sehen wollen, sondern ausschließlich die Parteien. Bei der Wahl zum Parlament hat jeder von uns zwei Stimmen. Mit der ersten wählt man den regionalen Parteikandidaten. Wählen die Bürger ihn nicht, kommt er trotzdem ins Parlament, wenn die Partei ihn auf ihre Wahlliste gesetzt hat. Darauf haben wir keinen Einfluss. Die zweite Stimme wird der Partei gegeben, die man wählen möchte. Kreuzt man sie an, erklärt man sich zwangsläufig einverstanden mit allen Namen und Personen, die die Partei ohne unser Wissen in die nichtöffentlichen Wahllisten steckt, aus welcher dann das Parlament bestückt wird. Die so gewählten Parlamentarier sind nicht mehr ihrem Gewissen verpflichtet, sondern nur noch der Parteiführung.

Will der so ernannte Parlamentarier seinen lukrativen Posten im Parlament behalten, muss er tun, was die Parteispitze von ihm verlangt – und nicht das, was er als Volksvertreter tun würde, wenn wir ihm das Mandat gegeben hätten. Selbst wenn man einige Parlamentarier von der Idee der Gemeinwohl-Ökonomie überzeugen könnte, hätte man keine Chance, die Ideen ins Parlament zu tragen, weil dort jeder, der eine andere Meinung vertritt als die Partei, sofort fallen gelassen würde. Debatten im Parlament finden in der Regel nur noch als Scheindebatten statt. Alle wichtigeren Probleme werden in den Parteigremien und Kommissionen vorbesprochen und entschieden. Das Parlament nickt dann nur noch die Entscheidung der jeweiligen Parteiführer ab.

Regelmäßige Umfragen bestätigen, dass rund 80 % der Befragten sich für die Einführung von Volksbegehren und Volksentscheiden auf Bundesebene ausgesprochen haben. Hauptgrund ist das sinkende Vertrauen in die politische Klasse. Die von dieser vorgebrachten Argumente halten einer Überprüfung nicht stand und zeigen deutlich, dass es der politischen Klasse nur darum geht, unbehelligt weiter wie gehabt regieren zu können.

Sie wissen, dass direkte Demokratie das wichtigste Gegengewicht gegen den Machtmissbrauch der politischen Klasse ist. Eine derartige Kontrolle möchte man in jedem Fall fernhalten. Hans Herbert von Arnim (Verfassungsrechtler und Wirtschaftswissenschaftler) berichtet, dass schon in mehreren Koalitionsvereinbarungen beschlossen war, Volksbegehren und Volksentscheid durch Änderung des Grundgesetzes einzuführen. Unter anderem stimmte eine große Verfassungskommission von Bundestag und Bundesrat 1992 mehrheitlich für eine diesbezügliche Änderung des Grundgesetzes. Von Arnim kommentierte das folgendermaßen: „Vorher hatte man sich jedoch darauf geeinigt, Beschlüsse nur mit Zwei-Drittel-Mehrheit zu treffen, so dass die politische Klasse nicht befürchten musste, aus einfachen Mehrheitsbeschlüssen könnten irgendwelche ernsten Folgen für sie erwachsen." (Arnim 2009A, 76).

Bevor also eine konkrete Entscheidung in Sachen Gemeinwohl-Ökonomie getroffen werden kann, muss denjenigen, die das interessiert, die Macht der eigenen Stimme und Entscheidung wieder zurückgegeben werden.

Ausgangspunkt und effizienter Hebel für eine objektive Kontrolle der Machtverhältnisse muss darin bestehen, sicherzustellen, dass das Kontrollorgan des Parlaments, das Bundesverfassungsgericht, sich nicht mehr zusammensetzt aus Richtern, die zwischen den Parteien in geschlossenen Kommissionen festgelegt werden, sondern dass sie gewählt werden von einem Fachgremium, welches möglichst weit von der Parteienlandschaft entfernt ist.

Die Abhängigkeit wird offensichtlich an folgendem Beispiel. In der Verfassung ist eindeutig festgelegt, dass die Richter zur Hälfte vom Bundestag und zur Hälfte vom Bundesrat zu wählen sind. Als das Bundesverfassungsgericht über eine diesbezügliche Klage zu entscheiden hatte, haben die Karlsruher Richter in eigener Sache ebenso eindeutig dokumentiert, wie stark sie die Macht der Abgeordneten verteidigen, indem sie entschieden haben, „dass die Zusammensetzung des Verfassungsgerichtes trotz Beschwerden weiter von einem kleinen Sondergremium des Bundestags entschieden werden kann." (Spiegel Online, 14.07.2012). Es gibt in der Fachliteratur genügend Vorschläge, was getan werden müsste, um die erforderliche Neutralität des Richtergremiums zu gewährleisten. Es genügt hier, auf die Wichtigkeit hinzuweisen, denn solange die Kontrolleure nicht von den Kontrollierten unabhängig sind, wird es diesen weiterhin möglich sein, sich verfassungswidrig zu verhalten wie z. B. bei der Ämterpatronage und bei den vielen Entscheidungen des Bundestages in eigener Sache.

Um etwas gegen den Status quo zu unternehmen, genügt es deshalb nicht, im Parlament über die 5 %-Hürde zu kommen, sondern es muss durch intensive Aufklärung eine größere Bewegung organisiert werden, bei der das Volk bereit ist mitzumachen, wenn man ihm klar macht, dass die Parteien grundsätzlich schon lange nicht mehr das Wohl der Gemeinschaft im Auge haben. Seit Jahrzehnten werden wir schon nur noch mit Geschenken, für die unsere Kinder später bezahlen müssen, abgespeist und ruhig gestellt. Existenzielle Probleme unserer Gesellschaft wie z. B. Familienbenachteiligung, Kinderarmut und Rentenproblematik werden nicht angefasst, weil das dem eigenen Machtbesitz schaden könnte – und der steht über Gemeinwohl und Volksbegehren.

Erst wenn die Macht des Volkes zur eigenen Entscheidung wieder hergestellt ist, kann über eine wie auch immer gestaltete neue Politikform in Details abgestimmt werden.

Es geht nicht um die Verunglimpfung von Adam Smith, es geht auch nicht darum zu wissen, ob wir Menschen so gemeinwohlfähig sind wie Christian Felber hofft. Es geht in erster Linie darum, dass der verfassungsmäßige Urzustand wieder hergestellt wird, und dass als einer der wichtigsten gesellschaftlichen Grundregeln möglichst in allen

Bereichen die Prinzipien von Verantwortung und Haftung zusammengeführt werden. Gleichermaßen muss das Handeln öffentlicher Bediensteter auf allen Ebenen transparenter und nachvollziehbar sein. In diesem Zusammenhang stellt das BVerfG Art. 40 eindeutig fest: „Die parlamentarische Demokratie basiert auf dem Vertrauen des Volkes; Vertrauen ohne Transparenz, die erlaubt zu verfolgen, was politisch geschieht, ist nicht möglich." (Arnim 2009B, 16).

Es kann nicht gelingen, die verschiedensten Netzwerke abzuschaffen, aber es muss möglich sein, die Tätigkeiten aller Netzwerke nachzuvollziehen und ein im Sinne des Gemeinwohls nachteiliges Verhalten so weit wie möglich zu unterbinden.

2. Transparenz und Haftung

Wenn diese beiden Prinzipien, Transparenz sowie persönliche Haftung für Verantwortung flächendeckend durchgesetzt werden könnten, wäre mit diesem ersten Schritt schon sehr viel gewonnen, denn Fehlentwicklungen im wirtschaftlichen und administrativen Bereich der Gesellschaft könnten damit zum allergrößten Teil verhindert werden.

Beides – Transparenz und Haftung – ist überdies erforderlich, um die öffentliche Ausgabenpolitik durch mehr Vorsicht und sorgsamere Überprüfung der Ausgaben zur Kostenreduzierung anzuhalten. Von den Politikern hört man immer nur, dass bei der Kosteneinsparung das Ende der Fahnenstange erreicht sei und man mehr Einnahmen haben müsse. Bei der mentalen Einstellung unserer Politiker kann es auch keine andere Antwort geben. Im öffentlichen Dienst sind immer alle überbeschäftigt, unabhängig vom tatsächlichen Arbeitsanfall, wie verschiedene wissenschaftliche Untersuchungen nachweisen konnten (Tacke, 28 ff.). Niemand würde aber in diesen Kreisen auf die Idee kommen, statt des Nachweises der Vollbeschäftigung einen Nachweis für den Sinn der einzelnen Tätigkeiten zu verlangen. Damit würde man den Kollegen – und ein Großteil der Politiker stammt aus den Kreisen öffentlicher Bediensteter – auf die Füße treten, und das will man nicht. Unser eigener Wunsch interessiert dabei niemanden.

3. Gemeinsam wird man stark

Warum sollte man nicht heute schon mit den von Felber beschriebenen demokratischen Allmenden einen Anfang machen? Dazu bedarf es keiner gesetzlichen Änderung. Wenn den Bürgern bewusst wird, wie wirkungsvoll und erfolgreich derartige Einflussnahmen sein können, wird ihr Bewusstsein geweckt für die Möglichkeiten, die wir als Bürger erreichen können, wenn wir es gemeinsam wollen.

Es bietet sich an, Aktivitäten vom Stil demokratischer Allmenden nicht alleine durchzuführen, sondern auf kommunaler und später eventuell auch auf Landesebene zusammen mit anderen gleichgesinnten politischen Bewegungen. Das hätte den Vorteil, dass einerseits durch ein zahlenmäßig größeres Gewicht mehr Druck auf die Verwaltungs-Verantwortlichen in den Gemeinden ausgeübt werden könnte. Andererseits könnte das im Erfolgsfalle ein erster Schritt in Richtung einer möglichen Zusammenarbeit auf Länder- oder Bundesebene sein. Wenn man erfahren hat, dass eine größere Zahl Gleichgesinnter mehr bewegen kann als eine einzelne Gruppe, bietet sich eine Zusammenarbeit zwecks Erhöhung der eigenen Wahlchancen an. Nahezu alle Organisationen und Bewegungen, die auf politischem Wege die Zukunft gestalten wollen, sehen als wichtiges Anfangsziel eine Änderung der derzeitigen politischen Machtverhältnisse als erforderlich an. Ohne das erscheint den meisten Gruppierungen eine Reform derzeitiger Politik als schwer erreichbar. Es wäre deshalb vernünftig, die Reformkräfte zusammenzufassen und in einem ersten Schritt gemeinsam die Machtverhältnisse in die verfassungsmäßig vorgesehenen Machtproportionen zurückzuführen.

Für alle Beteiligten an einer derartigen Bewegung ergäbe sich der Vorteil, dass die gemeinsamen Interessen der ersten Stufe gleichzeitig dazu dienen könnten, die eigenen Gedanken zur Gestaltung der Zukunft in einer nachfolgenden zweite Stufe mit einzubringen. Das neue Bündnis ließe den Abgeordneten die volle Freiheit, und je nach Interessenlage in der Bevölkerung könnte dann die eine oder andere Idee gutgeheißen und realisiert werden. (Einen Anhaltspunkt über die Vielfalt der Bewegungen, die sich nach mehr Demokratie sehnen, findet man z. B. hier: http://www.fruehlingsmaerchen.net/index.php/de/zeichen-des-wandels/demokratie, wobei dort die Piraten mit aufgeführt sind. Es fehlt aber z. B. mit der AfD eine bedeutende Bewegung, die zwar für die Euro-Abschaffung bekannt geworden ist, aber in erster Linie der grundlegend neuen Gestaltung unserer Demokratie einen wichtigen Platz einräumt.

Rein rechnerisch, entsprechend den geschätzten oder gezählten Ergebnissen der für ein Bündnis in Frage kommenden Bewegungen, könnte ein derartiges Wahlbündnis bei einer Bundestagswahl 10–15 % der Stimmen erhalten. Das hätte dann mit Sicherheit für alle anderen Parteien eine starke Signalwirkung, denn wenn ein Thema bei den Wählern interessant zu sein scheint, schwenken alle anderen Parteien um, um sich in dieser Bewegung ebenfalls zu profilieren.

Sicherlich ist ein nicht zu unterschätzendes Problem, dass jede Partei und jede Bewegung in der Regel von Alpha-Tieren angeführt werden, die nicht gerne in der zweiten Reihe sitzen. Trotzdem sollte es möglich sein, Gespräche zu organisieren, in welchen alle demokratie-interessierten Bewegungen – möglicherweise zunächst im Internet – gemeinsam überlegen, ob nicht der Erfolg für die Gemeinschaft wichtig genug ist, um einen Versuch zu wagen.

Es würde dabei in erster Linie darum gehen, alle die Demokratie-Programmpunkte zu finden, die von allen Parteien gleichermaßen befürwortet werden. Je größer die Zahl der Übereinstimmungen ist, umso mehr steigt die Wahrscheinlichkeit für weitere konstruktive Gespräche. Auch wenn dann am Ende nicht mehr alle Gruppierungen mitmachen werden, so hätte man doch ein Programm, was man gemeinsam den Wählern vorlegen kann.

Ein nicht zu unterschätzender Vorteil wäre ebenfalls, wenn die Gespräche in einer zweiten Phase live stattfinden würden. Bei der Gelegenheit lernt man sich kennen und schätzen und hätte eine größere Chance, Vertrauen aufzubauen.

Es ist durchaus denkbar, dass bei vorbereitetem Boden ein großer Teil der Gemeinwohl-Ökonomie im Ergebnis umgesetzt werden kann. Unter Ergebnis sollte man allerdings weniger die konkrete Vermögens- und Einkommensbegrenzung erwarten, die wahrscheinlich auf Grund von verfassungsrechtlichen Bedenken problematisch sein könnte, sondern die Abschaffung oder Eingrenzung ihrer negativen Auswirkungen mit Hilfe von verbindlichen Vorgaben für den Erwerb und den Besitz. Je straffer Transparenz und Haftung durchgesetzt werden können, umso mehr reduzieren sich die Möglichkeiten, auf fremder Leute Kosten reich zu werden. Wenn es dann noch gelingt, Transparenz in die öffentliche Verwaltung zu bringen, wäre ein wesentlicher Ansatz geschaffen, die Verwaltungskosten deutlich zu reduzieren und das im besten Falle zu verbinden mit dem generellen Verbot zusätzlicher staatlicher Kreditaufnahme (für Ausnahmen müssen erschwerte Genehmigungsbedingungen festgelegt werden).

Die Frage einer demokratischen Mitgift kann ebenfalls – auf gleicher Ebene wie z. B. ein bedingungsloses Grundeinkommen für alle oder für bestimmte geeignete Gruppen (wie z. B. Mütter mit Kindern) weiter erörtert und vorangetrieben werden. Es ist so oder so unabdingbar, zusätzliche Geldmittel für diese Zwecke einzusetzen oder umzuschichten. Das wiederum kann nur gelingen, wenn es gleichzeitig zu einer Ausgaben- und Schuldendisziplin der öffentlichen Hand kommt. Die Haushalt-Souveränität liegt zwar beim Parlament, aber es ist verfassungsrechtlich durchaus möglich, dass das Haushaltsvolumen insgesamt von einem neutralen Fachgremium festgelegt wird – wenn wir das wollen und man uns lässt. Politiker dokumentieren uns seit fast 50 Jahren, – seit 1967 das erste Konjunkturprogramm auf den Weg gebracht wurde – dass sie nicht in der Lage sind, auf zusätzliche Kredite zu verzichten und erst recht nicht in der Lage und gewillt sind, die Kredite auch wieder zurückzuführen. Wenn man Geld ausgeben konnte ohne Deckung durch Einnahmen, konnte man locker Subventionen, Zugeständnisse an Interessengruppen, Lohnerhöhungen etc. finanzieren. Ans Rückzahlen dachte niemand. Prof. Karl Schiller, Entwickler der Konjunkturprogramme und seinerzeit Wirtschaftsminister, trat von seinem Amt zurück mit der Begründung: „Ich bin nicht bereit, eine Politik zu unterstützen, die nach außen den Eindruck erweckt, die Regierung lebe nach dem Motto: Nach uns die Sintflut." Damit meinte er die schrankenlose Zunahme der Staatsverschuldung, zu deren Reduzierung die Politiker der damaligen

Regierungen nicht bereit waren. Man stellte fest: „Eher legt ein Hund einen Wurstvorrat an als dass ein Politiker Geld zurücklegen kann“ (Franz Josef Strauß, früherer Finanzminister) (Pickartz, 29).

Diesem Dilemma sollten wir uns nicht länger aussetzen. Was die reduzierte Arbeitszeit und die vorgesehenen Freijahre angeht, wird man als Erstes abwarten müssen, wie sich der Arbeitsmarkt gestaltet. Wenn er aufgrund der vielen Möglichkeiten, einen Teil der Arbeit unabhängig vom Arbeitsplatz erledigen zu können, mehr Freiraum lässt, wäre das der erste Ansatz, dass jeder selbst entscheidet – in Absprache mit seinem Arbeitgeber – ob und wie er seine Arbeitszeit verkürzen kann. Zusätzlich kann in der Folge untersucht werden, inwieweit seitens der Arbeitnehmer der Wunsch besteht, von dem vorgesehenen Freijahr Gebrauch zu machen, und welche finanziellen Mittel ihm aus welchen Quellen für das Freijahr zur Verfügung gestellt werden können.

Schlusswort

Es mag auf den ersten Anblick enttäuschen, dass ich so viele Themen der Gemeinwohl-Ökonomie durcheinander gewirbelt habe, teilweise mehr kritisch als konstruktiv – zumindest was Smith und den Marktmechanismus angeht – aber es würde das Projekt realistischer machen, wenn man sich auf das beschränkt, was auf absehbare Zeit durchsetzbar zu sein scheint. Die Unzufriedenheit der Bevölkerung ist groß genug. Aber das Gefühl der Unzufriedenheit wissen die meisten nicht an konkreten Umständen festzumachen. Diese Unsicherheit gilt es zu beseitigen. Man muss den Bürgern zeigen, wo und von wem sie auf welche Weise um ihr Gemeinwohl und um ihre Macht *erleichtert* werden. Dann sind sie eher bereit, sich für etwas Neues zu entscheiden und mitzumachen.

Alle Ziele der Gemeinwohl-Bewegung sind zu realisieren, auch wenn man keine fundamentale Änderung der heutigen Grundlagen unserer Demokratie vornimmt. Man muss nur an den Stellschrauben der unkorrekten Bedienung und unfairen Ausnutzung künstlicher Privilegien drehen, um Einfluss zu bekommen auf die negativen Auswirkungen auf das Gemeinwohl.

Es kann sogar in Frage gestellt werden, ob wir als Menschen eher dem Eigennutz frönen oder unser Denken und Handeln der Gemeinschaft widmen. Der erste Bundeskanzler, Konrad Adenauer, soll das so ausgedrückt haben: Die Menschen sind erschreckend unvollkommen, aber wir haben keine anderen.

Lasst die Menschen wie sie sind, besorgt ihnen nur die Freiheiten und Möglichkeiten, die eine Gemeinwohl-Ökonomie bieten würde. Dann wird sich von selber herausstellen, ob und wie sehr wir unsere Gemeinschaft lieben und in welchem Maße wir bereit sind, viel für sie zu tun, weil wir den Sinn des Zusammenlebens verstanden haben und schätzen.

Benutzte Literatur

Felber, Christian (E-Book 2012), Gemeinwohl-Ökonomie, Wien

Darüber hinaus:

Angenendt, Arnold (2007), Toleranz und Gewalt. Das Christentum zwischen Bibel und Schwert, 3. Auflage, Münster

Arnim, Hans Herbert von (2009A), Die Deutschlandakte – Was Politiker und Wirtschaftsbosse unserem Land antun, München

Arnim, Hans Herbert von (2009B), Volksparteien ohne Volk – Das Versagen der Politik, München

Baader, Roland (2007), Geld, Gold und Gottspieler, 3. Auflage, Gräfelfing

Ballestrem, Karl Graf (2001), Adam Smith, München

Barnert, Elena (2008), Der eingebildete Dritte, Tübingen

Bauer, Joachim (2010), „Der Mensch ist sozial", in: Wirtschaftswoche Nr. 43, 25.10.2010, S. 84

Elias, Norbert, Über den Prozess der Zivilisation. Soziogenetische und psychogenetische Untersuchungen, Bd. 1, Frankfurt a. M. 1976, S. 268, zitiert bei Angenendt, ebd., S. 22

Handelsblatt, 2718788 (02.10.2006), Porträt: Mohammed Junus – bescheidener „Bankier der Armen",
http://www.handelsblatt.com/unternehmen/management/koepfe/friedensnobelpreistraeger-mohammed-junus-bescheidener-bankier-der-armen/2718788.html

Hochschule Augsburg, Bibliotheca Augustana:
http://www2.fh-augsburg.de/~harsch/germanica/Chronologie/19Jh/Marx/mar_aber.html

Kirchhof, Paul (2006), Das Gesetz der Hydra – Gebt den Bürgern ihren Staat zurück, München

Kohn, Alfie (1992), No Contest – The Case Against Competition, New York

Losse, Bert: (2009), Gary Becker – Nutzen maximieren, in: Wirtschaftswoche Nr. 34, 17.08.2009, S. 34

Luterbach-Maineri, Claudius (2008), Adam Smith – Theologische Grundannahmen, Fribourg

Meyer-Odewald, Jens (2007), Ampel aus, Augen auf – eine Stadt fährt aus der Rolle, in Hamburger Abendblatt, 05.02.2007, http://www.abendblatt.de/447999

Michels, Reinhold (2009), Roman Herzog rüffelt Parteien, in RP-online, vom 18.05.2009, http://www.rp-online.de/1.2300412

Naisbitt, John (2007), Blick in die Zukunft, in: Wirtschaftswoche Nr. 07, 12.02.2007, S. 22 ff.

Overhoff, Jürgen (2005), Adam Smiths Menschenbild und Wirtschaftstheorie. Ist das Adam Smith-Problem gelöst? in: Jahrbuch für Wirtschaftsgeschichte (2005/1), Berlin

Pickartz, Elke (2008), Die wilden Sechziger, in: Wirtschaftswoche Nr. 47 vom 17.11.2008

Smith, Adam (1759), The Theory of Moral Sentiments, London

Smith, Adam (1762), Lectures on Justice, Police, Revenues and Arms, Glasgow Edition

Smith, Adam (1776), An Inquiry into the Nature and Causes of the Wealth of Nations, London

Spiegel Online, 14.07.2012: http://www.spiegel.de/politik/deutschland/lammert-kritisiert-bundesverfassungsgericht-wegen-richterwahl-a-844356.html

Strub, Christian (2012), Smith: Sympathie, moralisches Urteil und Interesselosigkeit, in: Handbuch klassische Emotionstheorien (Hrsg. Hilge Landweer, Ursula Renz), Berlin

Tacke, Klaus H. (2013), Gemeinwohl in schwerer See, Norderstedt

Tichy, Roland (2012), Der Dämon der Märkte, in Wirtschaftswoche Nr. 4, 23.01.2012, S. 5

Vogel, Hans-Jochen (1992), Wo bleibt das Prinzip Verantwortung? in: Die Zeit, Nr. 29 vom 10.07.1992, http://www.zeit.de/1992/29/wo-bleibt-das-prinzip-verantwortung

Welzel, Christian, zitiert nach: Fischer, Malte (2003) Gemeinwohl – Leerformel mit dem Nimbus des Guten, Wirtschaftswoche Nr. 12, 13.03.2003

Über den Autor

Klaus H. Tacke, geboren 1939 in Wuppertal, studierte in Freiburg, Köln und Paris Wirtschaftswissenschaften und Sozialpolitik und beendete das Studium als Diplom-Volkswirt und Dr. rer. pol. mit einer Dissertation bei Prof. Dr. Wilfrid Schreiber, dem Vater der dynamischen Rente. Nach den Erfahrungen in einem französisch-deutschen Konzern wusste er, dass er seine Zukunft lieber selbst gestalten wollte. Mit einer eigenen Firma engagierte er sich in Kompensations- und Bartergeschäften mit den zentralverwalteten osteuropäischen Staaten, insbesondere mit Polen und der damaligen Tschechoslowakei. Wegen der chronischen Devisenknappheit dieser Länder wurde Ware mit Ware bezahlt und verrechnet.

In der folgenden Neuorientierungsphase nach der politisch-ökonomischen Wende bot Polen die günstigsten Geschäftsaussichten. Zusammen mit seiner langjährigen Geschäfts- und heutigen Lebenspartnerin gründete er eine Aktiengesellschaft für Handelsgeschäfte, in welcher er heute noch als beratendes Mitglied im Vorstand tätig ist.

Die langjährigen geschäftlichen Erfahrungen mit allen Systemen der Zentralverwaltung in Osteuropa und andererseits die Faszination für die politische Wertschätzung, die Bürger in einer direkten

Demokratie tagtäglich erfahren können, waren der Anlass, sich mit den Schwächen unserer deutschen Variante des demokratischen Systems auseinanderzusetzen und zu untersuchen, warum niemand Interesse daran zeigt, der Gemeinschaft und dem einzelnen Bürger zu mehr Einflussmöglichkeiten zu verhelfen.